幸福感閱讀

Be-Brilliant

當自己的大設計師

Design Thinking for a Better You!

歡迎報名我的「設計思考課」，創意解決人生疑難

林志育 著

推薦序・一

DFC 全球孩童創意行動挑戰 臺灣發起人 許芯瑋／

「創意的態度」需要決心

志育，恭喜你出書了！：）

志育是我在師大附中的學弟，但是跟他的緣分，卻是畢業開始創業後，才一點一點累積出來的，一直以來，我覺得他是一個很有自己的想法、很篤定地走自己的方向的人，所以對他滿是欽佩，有什麼機會也一定會努力推薦他們！所以本來，我期待會看到一本「一帆風順」的人生勵志書。

但是我錯了！這本書裡面充滿了正在摸索人生時碰撞出來的血淚啊（握拳）。

這些志育對於自我創業歷程深度的剖析，對我而言無疑是個照鏡子的過程，刺激我對自己人生深層的覺察。坦白說，我非常訝異，原來自在、帥氣、吃飯一定要準時的林志育，也遇過這樣的挫折！

舉個例子來說，我是跪著看完志育與瑄明拍攝電影《鑰匙》的段落的，我從來不知道他們曾經完成過一個不可能的任務：素人也能用極低成本拍攝一部電影！讓我太驚嘆，也太崇拜了！這件事情對我而言，有一個非常大的啟示：「想完成一件事情，擋住自己的只會有自己，其他都只是藉口！」

驚嘆完後，我也發現，這本書珍貴的地方，在於把每個人的人生都變成書中的主角，在臺灣推廣把「設計思考」融入教育的我，其實很少想到要來「設計自己的人生」，也就是把自己變成使用者本身，用設計思考來解決自己遇到的問題！連想都沒什麼想過，更何況是把設計自己的歷程往下鑽研，轉化文字的力量來感動人了！

於是在閱讀的時候，我也拿著一枝筆、一張紙，跟著志育一起回頭看，一起「設計自己的人生」，其中，讓我感觸最深的是志育提到：「當你觀察到一個問題、或冒出一個想法，你願意去運用創意解決、嘗試行動，並且不畏懼失敗，就算失敗了也願意再度嘗試其他可能的辦法，我們稱這樣的態度為『創意的態度』。害怕創新、害怕失敗的朋友們，其實缺少的就是這種態度。」

想要培養這種「創意的態度」是需要決心的，代表著你需要有一定程度的勇氣當作土壤，將舒適圈外可能的失敗當作肥料，並走過一段很模糊、痛苦的成長撞牆期。我覺得，創業至今，團隊天天都在培養這樣的勇氣！以前的我，覺得創業是一件很浪漫的事情，是用自己的力量從各式可能性中打造屬於自己的工作環境，但其實這也意味著創業是一件殘酷的事情，面臨到的挑戰處處皆是：讓你感到挫折的，可能是你的贊助商、你的客群、你的團隊，甚至可能是你自己，可以說是草木皆兵也不為過！

撞了六年，我至今依然只能一步一步地蒙著眼往摸索前進，摸著石子過河，而且常會和別人比較、一比較後就想放棄。但是其實，一想到放棄後，那種極度不甘心的感覺，就如同書中瑄明說的：「你不覺得有的時候，放棄比堅持還要更困難些嗎？」當下就會覺得，現在走的路，其實也不算太辛苦，情緒過後，會發現還有更多的可能性，可以在黑暗中繼續慢慢探索！這時候，我就發現我的「創意的態度」，又增加了那麼一點點。

看完整本書，經過了自己跟自己對話的過程，**釐清了一些些事情，也能學會分離一些些課題**，比看書之前更要勇敢一點點、更能堅持一點點，而這些「一些些、一點點」，往往讓一個人能夠繼續成為自己的貴人，抓住自己的手，自己不放棄自己。所以，我強力的向年輕人們推薦這本書！期待透過與志育的對話，成為自己生命裡的貴人！

面對自己的人生狀態，你甘心嗎？不甘心的話，快來「設計自己」！開始覺察自己、同理自己，你也許會發現真實的你有著尚未被發掘的天賦和熱情，可能會大吃一驚唷！

寫完了序，看了一下手錶，剛好十二點，走吧！志育，我們去吃飯，慶祝你的新書誕生！

2016.04.06
12:00PM

推薦序・二

創致工作室共同創辦人 楊瑄明／

你還在「從長計議」嗎？

這是本教人如何「失敗」的書，你可能會問：失敗有什麼好學的？失敗那麼簡單！如果你這麼想，那想請問你幾個問題：失敗的首要條件是什麼？放棄？不！是堅持去做，沒去做之前無法論斷成功失敗。就像躺在嬰兒床裡的孩子，沒辦法確認他會跌倒還是會走路。但如果失敗的前提是堅持去做，那又可以分兩件事討論：一個是要做什麼？自己想做還是別人要你做的？好玩的還是有意義的？對自己好的還是對別人好的？有沒有辦法這些同時兼得（本書提供兼得的密技XD）；另一個是什麼值得堅持做？堅持下去需要理由嗎？在看見失敗之前是該轉向還是持續嘗試？（本書同樣提供有效判準）是不是開始覺得失敗原來也沒那麼簡單啊？那憑什麼是由本書的作者志育來教大家如何失敗呢？

志育是我碰過最失敗……噢不，是最知道如何失敗的人，如果要列一張失敗履歷，我相信他的經驗一定比大多數的人都來的豐富，他弄倒過自創的社團兩次、參加過三個企劃比賽沒一個得名、音樂創作比賽跟設計比賽也屢屢落選，看到這你可能已漸漸發現，這些失敗與你過去中煩惱的失敗似乎不太一樣。和單純考試考不好、跑步跑不快不同。

如果換句話問，有一個人想透過法律，為弱勢族群爭取應有的權益，但連考五年都還拿不到律師執照；有一位球員想透過棒球替自己、球隊、國家爭光，卻在上壘時慢了一步導致輸掉了世界比賽。同樣是失敗，後者是否比前者更有一種自我價值的發揮？是否更有一種突破層層重重關卡卻倒在魔王前面的轟轟烈烈？簡單的描述或許可說，後者是一種更有質感的失敗，這種失敗令人珍惜、值得慶祝，但這種質感卻得透過累積，而累積的第一件事就是學會為自己做決定，並且為那個決定負責。

說到底人生不過是選擇。就像陳奕迅有一首歌叫《阿怪》，裡面提到一個很灑脫自在的「怪人」，常說日子過得太快，有太多美好的事情來不及去感受，所以他的人生永遠在路上、永遠在人們口中的「他方」，有著不一樣的價值判斷和取捨方式，曲終唱著「我們雖然羨慕著這樣自由自在的日子，但我們選擇選擇不做阿怪。」其實我們常說的奇人跟怪人是同一個概念，都是放棄出類拔萃，專心追求與眾不同；並且試著把選擇權拿回自己手中，不做別人棋子、勇敢為自己負責的結果。只在階段的不同，能不能把自己的與眾不同發展的令社會更能接受、能為他人創造價值，或說創造出來的價值能否流動，是不是動態權衡後的結果。我們時常羨慕著那些勇敢做自己、勇於創造時代的人們，這是大學時期的志育跟我。

這是兩個無知（又狂放）大學生的故事，十年前的我們懵懵懂懂又迷茫，那時處於一種迷惘混亂：想要有所為，卻不知如何作為。感覺每天都活得不像自己、覺得不自在，情性無法舒伸，亦難以表達。對自己有一種時代的期許，希望自己能用自己的方式盡點力，讓這個社會更好，這樣的期許或許來自我們高中的校風、來自某場演講、來自某次社會參與的熱情、來自想把想法運用的抒發。但那時的我們天真傻氣又青澀，志育是一個劍及履及、即使身兼再多職都能把答允的事情如期完成，但對想法、目的還不是太有概念的「半吊子」；而我是整天把各種點子掛在嘴上的「空想者」，天天天馬行空不切實際地想著各式各樣的問題，秉著一種好奇心對世事做出種種怪異的提問和觀察，卻從沒將想法實行過。

當時的我們最景仰的是，那種不見得多偉大、卻能把自己夢想說得很清楚並且用力實踐的人。然而，儘管那時有這樣的想法，卻怎麼也顛不開既定的自己和既定的生活軌道，覺得不把夢想說清楚就什麼也不能開始做，期待有個具體目標可以成為人生的追求。妄想只要透過思考、透過論辯就能得出一個清晰的目標來努力，好似有沒有夢想是種非黑即白的選擇題，是種絕對的位階關係：達到就無限美好，一切搞定過著幸福快樂的日子；沒達成前只能是個迷失者，在人生路上迷盪徬徨。然而在聽過許多人分享夢想實踐的歷程，以及自己的一些親身體悟，才漸漸了解，夢想只在有沒有持續接近，沒有到不到的問題。

你以為的終點或許只是起點；而你以為的還沒開始、還在準備的狀態或許早就過了起點，在看本書此刻的你，若是有思考過自己想成為什麼樣子的人、自己的樣子能不能讓更多人接受，其實你的夢想早已無聲無息展開了！怕的只是停下來、畫地自限，自我設限

（多多少少來自習得無助）和對自己認識的不足。

我很喜歡一個小時候國語課本上的故事，在四川省有兩位和尚，一位和尚很有錢，另一位和尚卻很窮。有一天窮和尚對富和尚說：「我要到南海去取經，你覺得如何？」富和尚問：「你怎麼去呢？」窮和尚答：「我憑著一雙腿，兩隻手捧著一個缽就夠了。」富和尚苦口婆心的說：「要去南海取經談何容易唷，從這裡到印度少說也要走上好幾年，需要幾百兩銀子，路上還可能遭遇許多危險。不不不，良心建議你這件事要『從長計議』，好好想想再說。」過了幾年，窮和尚從南洋取經回來，而富和尚卻仍在「從長計議」。

常常在想，是什麼讓富和尚踟躕，又是什麼讓窮和尚走出去又走回來了呢？我們時常在成為自己的道路上踟躕，過多的擔擾只成設限。我很高興自己在該犯傻時有認真犯傻，有跟著志育踏上這條無盡的旅程，始終「志」氣未脫的他，讓我們不至花太多時間在「從長計議」上。一路的實踐讓許多生命養分得以發酵醞釀，能這樣持續走著不放棄很難只單憑「堅強意志」這樣空泛的概念，當我們遭遇困境時，志育總能運用許多哲思及技巧讓想法能實行推動，在這樣的過程中，有發展出一些幫助確認的判準及協助前尋的技巧，翻開書本的你不妨也拿來套在自己身上試試，或許有些概念也適用於你。如果真能在自我探索的道路中，提供一點點借鏡，幫助你更成為自己想成為的樣子，我想這會是志育寫這本書最主要的動機。

推薦序・三

台北科技大學助理教授 邱于芸 博士／

一個年輕創業者的許諾

走進「創新創業教育」的領域如今不知不覺已過了五年，也恰巧親自參與了台灣新一代年輕勢力的崛起，幸運地近距離結識了許多年輕心靈，我的生活跟著他們沉浮，來來去去，那些途中沒喊停改去找工作的，一轉眼再見時，我總就覺得他們似乎就「熟了」。

最初見到志育與他的夥伴瑄明時，是兩位熱情天賦異稟的青年。經過一段在成人世界其實不算長的日子，搖搖擺擺跌撞地走來，漸漸地看到了一些變化。經歷過的一連串磨練，並沒有讓他們畏懼外在環境，也沒有因為結果與期待相去甚遠而動搖了自己的信念。他們並不自我懷疑，這個性格使他們在每一次整裝待發時都小心謹慎，不人云亦云。

創業，要能成功（或者不失敗）其實是自我探索的過程，像一場英雄之旅。走出了平凡界後，並沒有朝破壞者的要素去發展。善於照顧比他不幸的人，以熱情面對所處環境。在卡市達期間，常常會花上大把時間去討論僅僅一個晚上的課程。

印象最深的就是夥伴總是看他們嘰嘰喳喳地討論，他們也不像傳統的單一功能的創業家，在某個專業上專研深入、或是在某個技術上專精。相反的，他們總是遊走各個領域，抓取可用的資源和機會，然後再種種嘗試當中調整方向。

也因此，在這樣的過程中，迷惘是必經之路。就像英雄之旅當中，英雄總是需要去屠殺大恐龍，救出公主。但是恐龍往往並不存於外在世界、也不在任何專業知識，而是他們內心始終沒有遠離舊的恐懼！

一次又一次的挑戰，要突破的是內心的關卡。而每個歷程的再昇華，總會讓自己更豁達、看得更清楚。一旦面臨更困難的新挑戰，他們又會甘之如飴地再投入思辨的循環，咬緊牙根。

然而創業的探索本如此，一路只有往前，接下挑戰。即使不知道前面有沒有路，但可以確定不間斷地成就自己想要的樣子。旅程本身就是一種許諾，這許諾保證的不是金銀財寶，而是值得活的人生。

目錄

前言

有一個富翁，在某個悠閒的下午隨意走到港口邊，看到一個漁夫正躺在自己的小船上面小憩。

富翁好奇地問漁夫：「嘿，兄弟，這麼早就休息了？怎麼不多捕點魚呢？」

漁夫懶洋洋地問：「多捕點魚要幹嘛？」

「多捕點魚就可以賺更多的錢，然後你就可以雇人幫你出海捕魚。多些時日，你還可以擁有自己的船隊，開一間海鮮加工廠，成立自己的品牌，變成人人稱羨的大老闆。」

「然後呢？」

富翁笑著回答：「然後你就可以每天早早休息，享受美好的午後時光。」

漁夫回答：「我現在不就正在這麼做了嗎？」

為何「我的志願」總是無功而返？

以上是一個在網路上流傳的小故事，雖然很短，但其實點出了許多現代人對於理想生活的迷思。難道真的要賺大錢、變成大老闆，才是理想的生活？當我們符合社會期待的功成名就，成家立業，是否就會得到自己想要的快樂？成為自己想要成為的樣子？

坊間談論「自我探索」、「潛能開發」之類的書籍不少，但大多帶著一個假設：「自己」是一個未知的存在，需要我們去發現和探索，當我們找到的時候，我們就能夠成為「自己」。因此，許多年輕人花了大把的時間在探索，想要「找到」一個自己真正喜歡和想要的方向，但往往無功而返或者陷入迷惘的循環。為什麼會造成這樣的情形？

我從二〇一三年偕同夥伴創業以來，便持續地探索這個問題。不僅透過自己的生命歷程進行探索，也在我們所開辦的各樣的工作坊當中，不間斷地與大學階段的年輕人接觸，觀察他們在進行夢想實踐時的心路歷程，也訪談他們對於未來生涯的迷惘與期待。在這樣的過程中，我們發現所謂的探索「自己」，並不是找到隱藏的內心熱情或天賦就宣告完結，反之，成為「理想自己」是一個動態的過程，需要持續地想像與實踐，在實踐經驗當中反思：「這是不是我要的？」然後修正、慢慢地趨近自己想要前往的方向。

這件事情聽起來很複雜，實質上並不難。我們創辦的「創致工作室」，都會在開辦的課程中引入「設計思考」的概念，帶領學生練習運用創意和有限的資源來解決身邊的問題，進而在解決問題的過程中探索自己的熱情。設計思考是一個揉合理性與感性的思考工具，在解決問題上面有很不錯的引導效果。在觀察了年輕人對於探索自我的困境之後，我便開始思考，這一套「以人為本」、「以使用者為中心」的設計思考，是不是也能用來解決「自己的問題」？能不能解開自己在面對未來的時候所產生的疑惑、徬徨、迷惘或恐懼？

於是就有了這本書。

§　§　§

這本書記述了我們創業以來探索自我以及解決迷惘的心路歷程，也試圖把設計思考的脈絡與精神結合到自我探索的領域上，希望在目前大多強調「要如何做才能擁有成功的人生」的社會裡，提供一個不一樣的思考方向。

但正如我常常提醒學生的「不要相信我所說的話，除非你先自己思考過」，我沒有辦法向正在閱讀此書的你保證，只要照著書裡的方式做就一定能夠破除萬難、找到心中理想的方向，畢竟每個人對於理想生活的定義有所不同，所面臨的環境或生活狀況也有所差異。然而我可以保證的是，這本書中所提到的故事、經驗還有想法，都是真實且真誠的，希望這本書的內容，可以提供給正在探尋方向的青年和輔佐青年的家長或教育工作者一個不一樣的思考脈絡。

獻給每個正在為了理想的自己而奮鬥的人。

01

我過得好好地，為什麼要「設計自己」？

我們都不喜歡「被設計」的感覺，為什麼？因為那表示我們在不知不覺中地照了別人的意識在行動，而失去了自己的判斷和選擇能力。最糟糕的是，這樣的行動往往只是為了滿足那個「設計者」的利益，而不是自己的利益，導致我們覺得自己好像被人擺了一道。

不過，你是否曾經想過，我們其實在不知不覺中早就「被設計」了，只是我們沒有察覺？

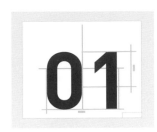

中文是一個很奇妙的語言。「設計」這個詞在當代，通常是指一個專門的職業，負責重新安排事物的外表或結構，讓事物能夠更美、更好、更有功能性或是更能夠符合需求；但當我們說到要「**設計『某人』**」的時候，通常是負面的意思，那表示我們想方設法、設下布局，想要讓某人照著自己的意思行動。而當我們說自己「被設計」了，也就是自己變成了那個被人陷害、被設局的對象。這似乎是一個很奇怪的事情，都是叫「設計」，為什麼會有這樣大的差異？

沒人喜歡變成「被設計品」

在產品設計的領域，有一個詞叫「**產品語意學**」，或許可以為這個現象下一個小小的註解。

什麼是產品語意學？簡單的來說，就是一個產品的功能、外型，會傳達出什麼樣的意涵。若是想要表達未來感，可以使用髮絲紋的鋁質金屬表面來傳達這個訊息，如果想要表達溫暖厚實的感覺，打磨過的木頭材質可能是比較好的選擇。

也就是說，設計師會根據他想要傳達的訊息、想讓使用者感受到的感覺，來安排要使用什麼樣的材質、造型、功能，來設計出一個理想的產品。然而，當我們把這樣的事情放到人的身上就不一樣了。物品因為沒有生命，所以不會有自我意識，不會決定自己想要是白的還是紅的，是硬的還是軟的。但是當我們設局安排、想要讓一個人照著自己的意識來行動，要他往左他就無法往右，要他往前他就不能往後，這個人當然會感到不舒服，覺得自己「被設計」了。

我們都不喜歡被設計的感覺，為什麼？因為那表示我們在不知不覺中地照了別人的意識在行動，而失去了自己的判斷和選擇能力。最糟糕的是，這樣的行動往往只是為了滿足那個「設計者」的利益，而不是自己的利益，導致我們覺得自己好像被人擺了一道。不過，你是否曾經想過，我們其實在不知不覺中早就「被設計」了，只是我們沒有察覺？

在《洞悉狂想：創意背後的商業邏輯》（黃世嘉著）這本書中，曾經提到過一個有趣的例子：在美國有一間速食店，不知道從什麼時候起，就常常有很多重機騎士聚集在他們的廣場。這些彪形大漢也不消費，也沒做什麼違法的事，不過就是喜歡在這裡集會。許多想要來用餐的客人看見這麼多看起來凶惡的人聚集在這邊，自然而然不敢進去消費，餐廳的生意也開始變得越來越差。這讓餐廳經理感到很困擾，試過了很多方法都沒有用。餐廳經理最後試了一個妙招，他們透過停車場的廣播系統播放莫札特的交響樂，這一招竟然奏效了！這些重機騎士們聽到這樣的音樂，自己覺得格格不入，便不再來這裡聚集。久而久之，這間速食餐廳又回到了往日平靜的場景。

其實，我們可以說這些重機騎士在不知不覺中，就被餐廳經理「設計」了。騎士也沒感覺到自己被冒犯了，只是在不知不覺中覺得這個地方不再屬於他們，便自行決定離開這個地方。這就是一個「被設計」的例子。而我們在求學的路上，似乎也有那麼一個「餐廳經理」，做了某些事情，讓我們不知不覺中符合了他們的想望，成就了他們的期待。

從小我就與許多人一樣，對於求學這件事情的想像和所知有限，不外乎就是國小國中高中大學，好像就是一條天經地義的路，沒別的選擇。我們總是被告知「書讀好了就可以上好大學」、「上好大學之後就可以找到好工作」、「找到好工作之後就可以賺很多錢」、「賺很多錢就可以過很好的生活」。

到了自己真正上了大學，遇到了來自四面八方的同學，才發現：雖然大家從小到大都有著類似的人生想像，人生的際遇還是讓每個人在不同的人生階段做出了不同的選擇。有些人選擇重考、有些人選擇休學一年之後再回來念書，也有人先當兵之後工作，覺得不足之後再回到校園來。而那些上了好大學的也不見得找到了好工作，賺很多錢的也不見得過的多快樂。那麼為什麼之前的我會抱持著這樣的想法呢？會理所當然地認為人生就該長什麼樣子呢？我想我肯定是被「設計」了吧？

這樣的感覺燃起了我心中的叛逆之火，「憑什麼我要走一條所有人都走過的路？為什麼我要照這個看不見的設計者安排好的人生樣本過活？我一定要過一個屬於自己的人生、做自己喜歡的選擇！」

當時的我是如此熱血地在心中吶喊著，卻也伴隨著一絲的不安。因為，在求學的路上，**從來就沒有人教我要怎麼去尋找自己喜歡的事情**，就算我這樣熱血地在內心裡宣示了，卻不知道該從什麼地方做起，我真的能夠找到嗎？

找到自己喜歡的樣子

為了解開自己心中的不安，我試著問身旁的同學，為了什麼原因來到了現在的科系，未來又想要做什麼。得到的答案卻是：「喔，因為分數就剛好可以上這個系啊！」「未來讀研究所吧，因為大家都讀，不讀研究所不是感覺很奇怪嗎？」「做那些沒人做過的事情不是很危險嗎？」一個又一個的同學，從他們的話語之中透露出一種**理所當然**的神情，彷彿照著社會期待的路線走就不會有錯，卻沒有想過自己未來到底要的是什麼。

這讓我開始覺得無比的沮喪。既然問不出答案，那不如問問自己，到底想要做什麼？

於是我挑了一天下午，坐在台北古亭的一間咖啡店裡，把筆記本攤開，開始把自己有熱情、喜歡做的事情、還有會做的事情通通列出來，看看會發生什麼事情。這一列下來的結果，大多與文字、平面設計、出版、創意思考有關係。接下來，我開始思考，「若是這些領域就是我希望畢業後做的事情，那麼我該怎麼在畢業之前培養自己的能力和專業？」

那時的我沒有想到，這個問題就是這一切冒險之旅的開端，也是我第一次開始真正的「設計自己」。

為什麼要思考這個問題？原因很簡單，我希望自己畢業之後，能夠走一條自己有熱情的路、過一個自己會讓自己驕傲的人生。這件事情最弔詭的是，當所有的報章媒體都在強調這件事情，宣揚著「每個人都該為自己做選擇」、「每個人都應該為自己而活」的同時，卻發現那些勵志的故事，聽起來意外的相似。

多半是他們出身不高，經過了一番寒徹骨的努力，遇到了一個難得的機會，終於皇天不負苦心人，讓他們能夠揚眉吐氣，自己一手創立的事業受到了大家的歡迎，成為知名的品牌。

但是，並不是所有人都想要成功賺大錢，也不是所有人都想要經歷千辛萬苦創業。許多人要的或許是一個平凡的生活，或是一個充滿冒險和挫折的人生。人生有太多的可能性，而螢光幕前總是只會播出那些最有話題性、煽動性的故事。但若是這樣的生活樣貌並不是我們所期待成就的人生，那我們該何去何從？**我們該如何找到一個不存在的故事，好讓我們對自己的人生產生想像？**

對我自己而言，一直到高中以前，未來想做什麼一直都是個問題，不是個答案。也許隱隱約約知道自己喜歡設計、喜歡創作、喜歡規劃一些事情，可是這些特質會發展成什麼職業？會讓我變成什麼樣的一個人？我一點頭緒也沒有。

還記得我的國中一位輔導老師曾經問我：「志育，你知道你未來想要做什麼嗎？」「可能是設計師吧，我也不確定耶。而且要設計什麼我還不知道，也許我要做的工作現在還不存在。」當時我自以為很帥地講出了這個答案，從沒想過這樣一句話在未來竟然變成了現實。從另一方面來看，在當時的教育環境中，大多數的同學和我一樣，對自己未來想要做什麼、對於自己想要成為什麼樣的大人感到迷惘。

讓我們把場景拉回到咖啡店的那個當下，「若是這些領域就是我希望畢業後做的事情，那麼我該怎麼在畢業之前培養自己的能力和專業？」我仔細地看著眼前寫滿想法的本子，想要從中間找出一個脈絡出來。突然一個想法跳了出來！若是要有一件事情可以涵蓋文字、平面設計、出版、創意思考，那會是什麼？不就是雜誌嗎？我在筆記本上寫著大大的「雜誌」兩個字，底下則標註著「創業」。當時的我單純地認為，若是我想要讓文字、設計、出版、創意這些能力變強，辦一本雜誌應該是一個很不錯的切入點。而創業，則是讓這本雜誌誕生的方式，因為既然我沒有辦法在大學裡找到這些課程，那麼何不自己嘗試一遍？這樣就知道到底自己需要學什麼東西了！

當自己的設計師

就這樣，從一個想要做一本雜誌的想法開始，我踏上了設計自己的旅程。經歷了感受問題、定義問題、想像解方、原型製作、市場測試等步驟，開始知道自己想要成為什麼樣子，並且讓自己慢慢地往這個樣子靠近。

我在大學就讀的是工業設計系。在當時，「設計思考」這個概念還沒有在台灣被推廣，也不像現在這樣廣為人知。就連設計這個職業真正的內涵在台灣也才剛開始被大眾認識，開始從「美工」的角度慢慢進化到「功能性與美學並存」的領域。對我而言，設計是很迷人的一件事情，那是一種美麗的想像能夠被幻化成為真實的重要步驟。

跟我一起從設計系畢業的同學們，真的從事設計的反而不在多數。有些人

設計思考的 5 個步驟

轉念了其他領域的研究所，有些人進了大工廠，有些人出國留學，也有些人考了公職。縱然如此，這些從設計系畢業的同學們都還是會不約而同地提到，雖然自己從事的不是設計，但是設計系提供的思考邏輯跟模式給了他們一個強而有力的工具，讓他們可以應付很多職場上、甚至人生上的問題。

二〇一〇年，台大與史丹佛大學著名的「D.school」合作舉辦了「設計思考工作坊」後，「設計思考」這套在歐美流行多年的概念開始在台灣發酵。設計的流程所蘊含的解決問題的態度、以人為本的特色，也從原本大多只應用在商業組織、開始被擴及到產品以外的領域，變成了一種思考方法論。

設計思考強調所謂的「以人為本」、「以使用者為中心」。一個產品或服務的誕生，應該是因人的需求而生。從觀察人的需求、定義問題出發，再開始想像有什麼樣的方法可以來滿足這個需求（或是解決這個問題），然後透過快速的原型製作、測試，來確定這樣的方法是有效可行的。

既然是以「人」為本、滿足「使用者」的需求，那麼「自己未來要成為什麼樣子」不就是以「自己」為使用者的需求嗎？若是我們沒有辦法從別人那兒得知這個問題的答案，何不自己來扮演「設計師」的角色，調查一下自己到底想要什麼、喜歡什麼？替自己想像一下有什麼方法可以達成理想的生活樣貌？然後透過快速的原型製作、測試，來確定這真的是自己想要成為的樣子、未來想去的方向？

這就是「設計自己」的概念。

接下來，我想邀請正在閱讀這本書的你，與我一起經歷這趟「設計自己」的冒險旅程。旅程將會經歷設計思考的五個階段，希望當旅程結束，你也可以展開屬於自己的「設計自己」旅程！

02

怎麼做？

從面對困境
到踏上自己的英雄旅程

許多人的出身是無法選擇的，很多時候「設計自己」這樣的概念並無法被所有人所接受，畢竟，為了達到理想的自己，有極大的可能會與自己的家人、情人甚至是子女的立場有所衝突。

當這樣的衝突發生時，你會選擇堅持做自己？或是以親情優先？這些就像是冒險故事裡英雄會遇上的考驗，作為自己人生故事中的英雄，你會選擇如何面對？

2-1 雜誌計畫

二〇〇六年十月的一個晚上，成功大學外文系的系館裡面某間教室，聚集了二十多人，大多都與我一樣是大一的同學，聽到有人要辦一個雜誌的創辦說明會，抱著好奇心就來了。而正在講台旁窮緊張的，是準備要跟大家說明為什麼要辦這本雜誌的我。

這是第一場「**創誌社**」的說明會現場，也是一切的開端。

「創誌」，就是我想要創辦的雜誌名稱。就像前面所提到的，我想透過辦這本雜誌的過程來鍛鍊自己的能力，看看這是不是我真正想要做的事情。然而另一方面，辦這個雜誌還有一個更重要的理由：改變我所身處的環境。

在成大，校園的社團氣氛對於新事物並不友善。大多社團活動都是沿襲了好幾年前學長姊所流傳下來的活動慣例而舉辦，參與的同學們也往往僵固保守，不敢嘗試創造什麼新的事情。所以那時的我天真的認為，若是有一本雜誌除了能帶進一些校園以外的創意點子以外，也鼓勵讀者動手做一些有創意的行動、對社會有益的行動，那應該是一個不錯的點子。

就在這樣的概念底下，我在系館貼了海報、也在網路上做了一個簡陋的網站、轉載訊息，大肆宣傳這樣的一個想法，想要招募人們加入這個計畫，共同擘畫這個瘋狂的藍圖。

為了籌辦這本雜誌，我從圖書館找了一堆書和雜誌，想要從中抽絲剝繭地把雜誌的架構給剖析出來。卻總是在不同的書中看到一句話：「**想要害一個人，就叫他去辦雜誌。**」對於正在熱血當頭的我，不啻是當頭棒喝。也足以道出，要「真正」辦一本雜誌需要投入多少的功夫跟金錢，才有辦法成功。雖說如此，但在那個當下這句話仍沒嚇倒我，反而激起了我年方十九的鬥志，以為創意可以解決一切的問題，照樣不顧一切的投入下去。

瘋狂？是吧，我想是挺瘋狂的。這本雜誌當初設立了八個部門，招收了二十幾個人，在沒有錢、沒有知識、沒有基礎的情況下，想要透過共同的力量把這個雜誌給拼湊起來。現在看來當然是覺得當時的自己荒謬無知，但卻也帶著那麼一絲愚勇，好像拿了把玩具刀就想要跟世界對幹的樣子。

經過了幾次討論，第一次的主題被定下來了，是一個新造的字叫做「灦」。編輯團隊認為，這正好可以表達許多年輕人的心境，有時候像在水上漂流，有時候又像在風中飄蕩的感覺。跟著這樣的主題，我們規劃了主題故事、大學生的創作、遊學心得分享、改變世界的小撇步等等……。

還記得有一次編輯會議，我們選在一個同學的家中客廳舉辦。那個客廳不過四、五坪大，卻擠了二十幾個人。參與的夥伴大多是大一的同學們，每個人都正在經歷大學最精采的一段時光，參與各式各樣的活動。宿營、社團、迎新活動、傳情，五光十色的活動把大家的生活塞的滿滿的。大家開心地聊著天，看著每個人青春熱情的臉龐，突然覺得能夠把這樣一群人聚在一起的我是多麼的幸運！

不過幾分鐘後殘酷的事實便澆熄了我的幸運感。

照預定來說，這一次的編輯會議，每個部門的幹部都應該要把自己的稿件交出，或是要把預定的計畫交出。但是，大家正參與著大一生活各式活動的當下，這個雜誌計畫既不有趣，又無法交到新朋友，自然被排在了順位之下：「啊，不好意思，最近社團比較忙，沒有時間做。」「最近要期中考了耶，可以等期中考完再交嗎？」「我還想不出來，抱歉。」

面對著夥伴的理由，我心中開始惴惴不安起來，不知道這樣子發展下去會發生什麼事情？

「志育，對不起，我可能之後不會來了，因為我要接舞蹈社的幹部。」

「我下學期可能沒辦法跑，我有點忙不過來，抱歉。」

是我的問題嗎？

不出所料，「創誌社」才開跑不到幾個月，許多夥伴紛紛表達了退出的意願。

雖然最終還是把第一期的稿件交了出來，然而這個計畫早已對他們失去吸引力。一夕之間，原本看起來意氣風發、即將宏圖大展的雜誌計畫，頓時變成了一個荒謬可笑的辦家家酒。那麼該繼續辦下去？還是就此停止？為了這件事情，我輾轉難眠了好幾個晚上，不知道如何是好。

但也是一直到了這個時間點，我才開始真正的面對自己。我開始自問：「到底我要的是什麼？為什麼想要做這樣的事情？我真的能做得到嗎？」

同理自己

當問題來到自己身上，一切開始變得晦澀難懂起來。顯然縱使經過了十多年的求學經驗，在教育的現場裡並沒有感受到我們的教育對於認識自己這塊有多加著墨，導致在面對這樣的問題的時候，其實是非常手足無措的。無數的疑問填滿了我的腦袋：到底是我的問題還是別人的問題？到底是我欺騙了自己還是欺騙了我的夥伴們？當現實跟理想衝突的時候，我該如何自處？

在設計思考裡面，最初的一個階段稱作 Empathy，也就是「同理使用者」。在這個階段當中，**需要去深刻地理解使用者到底有什麼樣的需求，什麼是他可能不曾意識到、卻透過他的行為和話語傳達出來的資訊。**我就曾經在設計系一堂稱作「流行文化講座」的課程中受過類似的訓練，至今仍令我記憶猶新。

在那堂課當中，我們必須要去訪問一個自己不熟悉的使用者族群，了解他們的喜好，然後為他們設計一個他們會喜歡的產品。那時我們討論出來的使用者是「衝浪者」，我們需要蒐集一百張或多或少關於衝浪的照片，然後找到真實的衝浪愛好者，請他們坐在我們的面前，然後我們把一百張照片攤開，請他們憑直覺挑出他們最喜歡的幾張。

事實往往出乎意料。在當初的想像中，與衝浪越相關的照片，應該會越受衝浪者喜愛，但做出來的結果卻恰恰相反。最後被整理出來的照片，有很大的比例並非直接與衝浪運動本身相關，反而是衝浪之後的啤酒烤肉趴、海灘上的辣妹之類、海本身等等的意象，獲得了衝浪者的喜好。

為什麼會有這樣的結果？我們好奇地問了被訪談的衝浪玩家，那個黝黑的衝浪玩家笑一笑，給出了這樣的回答：「因為平常就已經很喜歡衝浪，所以生活中衝浪板、衝浪照片已經看得夠多了。所以若是我想要買一個新的產品，不見得會再想要與衝浪有直接關係，不然看得也是很膩。」這個回答聽起來很合理，卻是我們在做訪談之前未曾想到過的，讓我們當下有一種「啊！原來如此！」的感覺。

這就是設計思考之所以重視使用者為中心的理由。作為一個設計師，常常都會根據自己對於一個族群的刻板印象來決定設計的取向，卻往往沒有認真的去理解使用者真正的需求是什麼，以致於設計出來的產品，不受使用者青睞。因此，設計思考特別強調同理使用者，以使用者的需求作為設計的起點和終點，以求做出來的最後設計能夠滿足使用者的需求。

不過，該如何同理使用者呢？有許多設計方法都能夠作為輔助，像是同理心地圖、深度訪談、日誌法、隨身記錄等等，但不論是哪一種方法，目的都是把自己置身在與使用者相同的環境，透過扮演、環境體驗、訪談、記錄等技巧，理解使用者真正遇到的困難。

有時候，在經歷過這樣的過程之後，設計師往往會發現一些連使用者自己都不知道的問題，設計師便會針對這些問題進而提出解方，最終解決使用者的問題。

那麼，**我們是不是也可以把同樣的技巧用在自己身上呢？**

設計師為了設計工作，「同理他人」這件事情常常在做，但「同理自己」卻幾乎沒有過。不只是設計師，我們一般人也很少真的去了解自己的感受、了解自己想要什麼。也許讀到這邊的你開始好奇，自己每天這樣子生活、吃飯、思考、睡覺，怎麼可能不知道自己想要什麼？

覺察：把自己當做使用者

美國社會心理學家魯夫特（Joseph Luft）和英漢（Harry Ingham）在

一九五五年提出了「周哈里窗」的概念，可以簡單地說明這個現象。根據周哈里窗的理論，我們可以把自己簡單的畫成四個象限：「別人知道，自己也知道的自己」「別人知道，自己卻不知道的自己」「別人不知道，自己卻知道的自己」和「別人不知道，自己也不知道的自己」。

「周哈里窗」

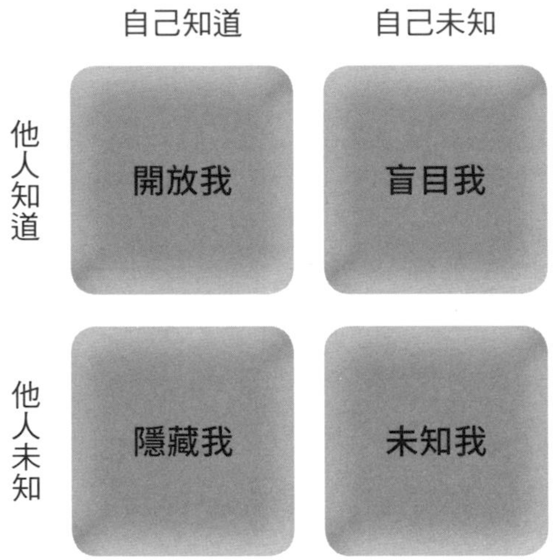

看起來有點像繞口令吧？但實際上，重點就在於這幾個「自己」當中，有兩個就是「不知道的自己」。這兩個不知道的自己，同樣也是組成了自己的一個部分。有趣的是，我們往往會以為我們所知道的自己就是全部，而忽略了其實還有一大塊成為了自己的一部份我們卻不自知。

該怎麼去找到這個部分？最直接的方式，其實就是把「自己」當做使用者，對自己進行觀察和訪談，這件事其實就是所謂的「覺察」。**當我們有意識地觀察自己的行為，你可能會發現一些有趣的現象，是你以前都不知道的。**

好比說，在選擇顏色的時候你可能總是偏好淺色系而非深色系，總是喜歡跟單純的人相處，總是喜歡在人多的場合自動退到一旁。可能會因為想吃的餐廳沒開而生氣，卻對跟誰一起去吃感到無所謂；可能會因為看見社會新聞感到難過，卻不會願意給予路邊的乞丐一些硬幣。

除了觀察以外，你也可以把自己當做使用者來訪談，問問自己「為什麼我會喜歡這個而非那個？」「為什麼我對這件事情感到生氣，卻對那件事情漠不關心？」「這樣的生活是不是我要的？」「我為什麼當初做了這個選擇？是因為我真的喜歡還是因為別人的緣故？」

透過這樣的方式，我們將會開始對自己有更多的了解，也會發現自己的行為其實都來自於內心的慾望或是恐懼，正如我的雜誌計畫一樣。

在那個面對所有夥伴失望離開的當下，我開始認真地問自己，到底問題出在哪裡？我真的想要做這件事情嗎？經過一段時間的沈澱，我得到了「自己」肯定的答覆。是的，我的確想要做這件事情，然而因為對於問題的理解不夠深入、能力不足，以致於雖然**夢做得很大，卻完全無法駕馭這件事情**。

這不禁讓我想到諾貝爾文學獎得主、中國作家莫言的一句話：「當你的才華還配不起你的野心的時候，你就應該靜下心來學習。」

我寫了一封信給所有的夥伴們。信裡面我坦承自己的能力不足，還有太多事情需要學習，以致於這個雜誌計畫不得不就此中斷。但我還是會信守承諾，把第一期（也是最後一期）的雜誌出版出來。在此之後，我仍然想要試著用不同的方法來嘗試看看，希望邀請有興趣的夥伴持續留下來與我們一起努力。

寫完這封信之後，我肩上的壓力似乎減輕了不少。這倒不是因為辦雜誌這件事情帶給我很大的壓力，而是透過這樣的過程，我慢慢開始能夠同理自己，

花了一年時間拼湊出來的雜誌《創誌》，雖然只發行了 30 本，但是內容都是曾經參與了半年的創誌第一期成員的心血。內容包含了遊記、文字創作、圖像創作、改變世界專題等與創意相關的內容。

開始知道自己原來喜歡規劃和設計一件事情，但卻不一定擁有足夠的能力執行；自己會願意承擔責任，但完成責任跟做好一件事情還是有很大的差別的；自己以為雜誌要帶給別人創意，卻連用創意解決團隊問題都還做不到。

啊！原來如此！

發現自己的渴望和害怕

在宣布團隊解散的信發出去之後，我開始大量地接觸學校內不同的社團，事情也變得越來越多。之所以這樣做，一方面想要藉由忙碌逃避這個令人窘迫的挫敗，一方面也想更深入了解一些社團內部的運作。然而，這樣做有一個後遺症：自己的時間開始越來越不夠用。那時一口氣參加了三個不同的社團，再加上雙主修的課程，和一個華語教學學程，當這麼多的事情要在有限的時間中取得平衡，變成了一個巨大的挑戰。

為了讓這些自以為重要的、生命中的瑣事都能夠保持運作，我開始得對我所有參與的活動進行取捨。另外一方面，我還得搞清楚自己的能耐在哪。我需要清楚知道當一個社團希望我能夠幫忙一件事情，我需要花上多久時間來把它完成。當時間不夠用的時候，就不能再接下額外的工作。

舉例來說，若是有一個朋友邀請我進行一小時的英語演講，我是一個講英文就會焦慮、害怕的人，那麼為了讓這一個小時的英語演講能夠順利，我可能需要花上一個月的時間來練習跟準備。所以看似一小時的任務，我卻需要花上好幾倍的時間進行前置作業。但是若是任務是畫一張海報，也許因為設計系的訓練，我只要花上四、五個小時即可完成任務，那麼我就只要在自己的時間表內排出五個小時來進行這個任務即可。

當自己開始進入這樣的狀態，才開始重新同理了當初一起辦雜誌的夥伴們的想法。原來許多時候，雖然他們承諾了「一定會在下星期交出稿件」，但是他們對於自己能不能夠達成任務，有可能並沒那麼清楚。這樣的承諾，只是出於一種道義上的、情感上的承諾，而非對自身充分了解之後所做出來的承諾。於是，就算所有的人都表示進度沒有問題，真實的情況與口頭的承諾仍然差了一大截。

我願意真心相信夥伴們並不是故意欺騙我，因為他們並沒有這個必要。然而當他們真心相信自己能夠達成目標，實際上卻無法達成時，顯示的是對自身的不了解。當我真心相信自己能夠促成一本雜誌的誕生，實際上卻無法達成時，**顯示的是我對自己和世界雙重的不了解**。

但是，到底要到什麼樣的程度，才能算得上對自己了解呢？

在設計思考 Empathy 的階段，有一個工具稱作「**同理心地圖**」。同理心地圖透過忠實地記錄使用者的感覺、言語、他們對環境的感受以及他們所做出來的行為，使得設計師對於使用者有一個較為全面而立體的資訊，可以從中進一步發現**使用者的「渴望」和「害怕」**。

為什麼要這麼做？因為渴望和害怕都是人們的驅動力，會驅使人們做出不同的行動。當我們能夠掌握人們的渴望和害怕的時候，我們也能夠理解為什麼人們會這樣做而不是那樣做，進而反向操作去設計出一個產品來「滿足」人們的渴望或是「解除」他們的害怕。

就拿雜誌計畫來說，當我熱血地開展了這個雜誌計畫，並一次開展了八個部門的時候，其實某方面也揭露了我對「野心」的渴望跟對「得不到歸屬」的害怕。所以我希望快速的把一個組織建構起來，讓我可以在這個組織中「獲得歸屬」，也透過組織的規模展現我藏在內心深處的「野心」。

另外一方面來說，之所以雜誌計畫會失敗，也是因為這個計畫並沒有滿足參與計畫夥伴的「渴望」，他們希望在這個社群當中獲得的成長、學習、一起做事的感覺最終並沒有達成，取而代之的是無意義的分工和不知所云的指示。想當然耳，就算勉強讓大家為了責任跟人情而把這本雜誌拼湊出來，這樣情況下所做出來的雜誌，要能夠滿足讀者的「渴望」或是撫平他們的「害怕」，也不過是天方夜譚罷了。

設計師透過理解使用者的「渴望」和「害怕」，進而設計出能夠驅使他們掏錢購買的產品，讓他們透過產品來滿足自己的渴望或是安撫自己的害怕。我們也可以運用同樣的工具，觀察「自己」的感受、身處的環境、所做的行為和言語，來找出自己所不知道，但是其實一直潛藏在自己內心的渴望與害怕。

這件事其實挺有趣的，就像是一場自己對自己的大冒險。但當我們知道了那些自己所不知道的渴望和害怕之後，接下來會發生什麼事情？

從逃避自己到接納自己

「拒絕承認」是一個常見且再正常不過的反應。在某一次受邀擔任社團講師的過程中，我就曾碰過這樣的年輕人。

在社團課程的第一堂課自然而然要做的事情就是「自我介紹」，因此我拿了一些圖卡，請每個人挑一張圖來說說自己是個怎麼樣的人。大部分的人都會介紹自己是個樂觀的人、喜歡思考、喜歡接觸不同的事物等等。但其中卻有一個學生，是這樣介紹自己的：「我想要成為一個更積極、更有故事的人。」這樣的介紹引起了我的好奇。

我問他：「你剛剛說的是你『想要』成為什麼樣的人，那你『現在』是個什麼樣的人呢？」他低著頭想了一下，「嗯……我高中的時候是一個害羞內向的人，但我覺得這樣會失去很多機會，所以我想要成為更積極、體驗更多故事的人。」我有點不死心地追問：「那麼現在呢？你覺得你此時此刻是個什麼樣的人？」這個學生不知如何接我的話，有點傻在當下。為了不讓他太過尷尬，我趕緊找個話題把場面接下去，但簡單的幾句對話，卻讓我沉思許久。

這樣的學生並不在少數，在課程當中其實常常遇到這樣的人。**他們抱著滿**

腔想要讓自己變得更好的熱情，卻對現在的自己感到自卑、不想承認，也不願意去面對。

的確，**承認自己當下的模樣，並不是一件容易的事情**。縱使那些能夠大方講出自己的特質和當下狀態的學生，可能也有許多他們不願讓其他人知道、隱藏在內心深處的特質。其實，每個人不管擁有什麼樣的個性和特質，我覺得那都是獨特而非關對錯的，也許我們總是希望成為更好的自己、成為自己理想的樣子，但是當我們並沒有接受自己現在的模樣，又該如何往前進呢？

有些人也許能夠看見自己，但是卻無法接受自己。我們每個人都生活在群體之中，難免會受到群體的期待所影響，當我們發現某些自我的特質並不被群體所期待，就很自然地想把它隱藏起來。當我們從那些透過自我訪談和問卷所得出的結果，開始理解自己其實並不如自己所想像的，我們能夠接受這樣的自己嗎？若是其中還有許多在社會價值觀底下看起來是「負面」的特質，**我們能夠包容自己嗎？**

這個問題，當我在創業的路上遇到了邱于芸老師，才有了一個初步的答案。

邱于芸老師是一位創業家，我們都喜歡稱呼她Vicki老師。二〇一一年，她在政大公企中心創立了台灣第一個共同工作空間「創立方」，隨後又一手籌劃「卡市達創業加油站」，希望可以為創業的年輕人提供一個嘗試失敗的地方。她總喜歡稱自己為亡命之徒，一開始對這樣的稱呼我始終無法理解，直到上過幾次她所開設的敘事課，才知道「亡命之徒」這個詞，其實是12種人格原型的其中一種。

什麼是12種人格原型？簡單來說，那是心理學家榮格在研究過了上千份的精神病人的案例之後，所歸納出來的12種人格特質。他認為，人們在不同的時期或是不同的狀態底下，會展現出不同的人格原型的特質，而每個人格特質都有他的渴望跟害怕。換句話說，不管擁有哪一個類別的特質，總是伴隨著這個類別的渴望與害怕。

就以「亡命之徒」這種人來說，他們渴望革命、總是走在時代的前端，但是他們同樣恐懼著自己的軟弱無能和平凡無奇。然而，軟弱無能跟平凡無奇，一定是不好的特質嗎？在另外一個人格特質「凡夫俗子」有著完全相反的性格。他們總是渴望融入和歸屬，反而擔心自己太過突出、與眾不同，被團體拒絕在外。

那麼，我們為什麼需要了解這樣的人格特質？了解之後又能怎麼樣？我仍然記得那時 Vicki 的回答是這樣的：「了解12種人格特質有什麼用處？那會讓你更能夠包容別人。因為你知道每個人都有不同的類型，他們有他們的黑暗面，也有他們渴求的東西。而我們每個人都不一樣。尊重這個差異，你就不會因而生氣、憤怒，而是理解。」

不可否認地，這個回答其實給了我不小的震撼。而且神奇的是，在理解了這樣的架構之後，我發現我開始能夠接納自己的渴望與害怕了！其實原因很簡單，以前的我總覺得如果發現自己有一些社會不期待的特質（好比說「依賴」或是「懶惰」），就是應該要改進、修正。但這樣的態度其實就彰顯出我並不能接納擁有這樣特質的自己，而這樣的「不接納」正是一種害怕的表現。因為擔心接納之後就會凸顯了自己的無能、凸顯了自己的軟弱，所以便開始不停地武裝自己、包裝自己，想要展現出很有能力、很有創造力的樣子。

想到這裡，我才開始能夠理解，這些學生們為什麼不願意去接受當下的自己。我們又何嘗不是呢？為了在社會中生存，為了滿足自己親密的家人或情人的期待，為了讓同儕和大眾肯定自己、讚揚自己，我們不得不隱藏那些他們不喜歡的特質，就像戴上面具一樣。但不管面具再怎麼厚，千萬別忘了自己在獨處的時候，真實的樣貌在鏡子裡映照出的模樣。

同理自己，就有辦法開始同理他人

前一陣子，有一個機會參與了「香港樂施會」在台灣所舉辦的一個工作坊，留下了很深的印象。樂施會是一個全球性的扶貧組織，在各地都有分會，持續地針對貧窮和社會不公的問題進行救助。在這個工作坊當中，我們進行了許多活動，其中進行了一個非常有寓意的遊戲：空桶投籃。這個遊戲其實廣為人知，因為前陣子有一篇教育文章曾經在網路上瘋狂的流傳，內容正是在談一個教師如何運用這個遊戲來帶領學生思考什麼是「特權」和「資源分配不均」。

遊戲是這樣的，老師會在教室的講台放一個空桶子，要求每個學生在指定的時間內把紙團扔進桶內，根據扔進桶內的數量來決定分數。這個設定乍聽之下很公平，因為時間是一樣的，每個人也都有一樣數量的紙團。但實際操作就會發現，坐越前排的學生越容易投進，越後排的學生越難投進。而這個遊戲正是要使用這樣的結果，來闡述現代社會中階級不平等和貧富不均的現象。

然而，最令我印象深刻的並不是這個遊戲，而是遊戲結束之後的延伸。帶領工作坊的講師「Carmen」在遊戲結束後問了所有人一個問題：「如果你能夠讓**這個遊戲更公平**，你會怎麼做？」

我記得那時當下第一時間不經意地就把這件事情跟「教育」聯想在了一起。想像一下，若是空桶子代表著聯考，投進桶子的人就可以進大學，那麼距離越近的可能就是學科表現比較好的學生，距離越遠的就是那些學科表現差的學生，也許表現比較差的也有機會不小心投進，而比較好的也有可能失手，然而兩邊投進的機率還是差太多了。

但若是今天把桶子放到了教室後方，是不是對於前排的學生來說就比較不利了？正如若是我們今天把聯考規則改成每個人都要通過體能測驗，我相信原本穩進大學的那個族群可能有一大半就被擋在門外了。而這正是台灣教育偏重某部分能力所造成的問題。我們的考試與入學篩選制度，長年以來只偏重學科和成績，而忽略了每個人其實都有屬於自己的特質和長處，而那些特質與長處同樣值得我們重視和培養。

當我們能夠接受自己只是一個多元群體的一份子之後，我們的視野便能夠從自己的身上拉開，對於其他人的處境也開始能夠用相對平等和尊重的方式去試著同理跟理解。我們也能夠以更開闊的心胸去接受自己在這個當下是一個什麼樣的人。

當我開始同理自己在做「雜誌計畫」其實在淺意識當中是為了自己的「野心」跟「找到歸屬」之後，事情便開始有了不一樣的發展。

我漸漸發現，在還沒有釐清楚到底這個計畫到底要解決什麼問題之前，不論是野心或者是歸屬，都無法在這樣的計畫當中得到滿足。

那麼，我們到底要解決什麼問題？

2-2 你甘心嗎：問題到底在哪裡？

在把團隊解散的信發出去後，雖然表面上一切回歸平靜，但私底下我仍對這件事情耿耿於懷，總覺得起了一個頭不能就這樣馬馬虎虎地結束。有幾位夥伴留下來討論，但是似乎怎麼討論就是討論不出個結果，這讓我深深感到沮喪。

這樣的情況一直到某個晚上終於有了轉機。還記得那一天晚上我正在宿舍用電腦，室友的同學剛好來宿舍找他聊天。這位陌生的同學開始跟我室友抱怨起大學生活好無聊，不知道該做些什麼才好，我室友便開玩笑似地提及我正在搞個什麼創業計畫、改變世界之類的東西。沒想到這位陌生的同學聽了眼睛一亮，開始找我攀談，很想要了解我到底想要做什麼。沒想到這一談，就談了整整三個小時，和接下來的十年。

這位陌生的同學就是楊瑄明，跟我同樣畢業於國立師大附中，而且在高中時就在我的隔壁班，只是我們在高中的時候素不相識。那時我們一聊就感覺很相見恨晚，我也覺得這個人好像能夠理解我到底想要幹什麼。在這樣的契機下，我漸漸停掉原本窒礙難行的討論會，轉為跟瑄明暢快地深聊我們所看到的大學現象。

我們從社團亂象談到校風的建立，從西方哲學談到東方創意學。我們無止盡地探討：

為什麼身旁的大學生們不知道自己未來的方向，卻不願意去嘗試？為什麼他們會害怕創新，卻擁抱一些過時跟搞不清楚理由的「傳統」？為什麼他們會盲目地跟從大眾的價值觀，而無法提出屬於自己的看法？這一切的現象是來自於環境、體制還是自身的限制？

我們拿了無數張的海報紙，把平日與同學們交談聊天所觀察到的問題都寫上，每個星期三天，花了整整一個學期的時間在做這樣子的討論。後來的我們總笑稱這一陣子的討論為「清談時期」，因為在這樣的討論當中，我們就跟魏晉南北朝的那些士大夫一樣，不談學業、愛情、社團，談的是思考的本質、人性的構成、改變的驅動力等等抽象而捉摸不著的東西。

但一直要到很多年之後，才知道我們在做的事情就是設計思考中的「Define」階段，也就是**定義問題**。在定義問題的階段中，最重要的就是找到**「真正的問題」**所在。

以往，「設計」在大眾的耳裡不外乎是設計師的個人美感表達，和賦予一個產品或服務自我的詮釋。然而，在設計思考的思考邏輯底下，能夠解決真正的問題才是重點。那到底一個設計應該解決什麼樣的問題？真的是使用上更加方便、更加順手？還是其實最後是滿足使用者的心理需求？

這樣的思考也可以回推到設計自己這件事上來。到底我們想要成為的樣子，是要讓我們活得衣食無缺、生活優渥？還是滿足我們心靈上的滿足？不管是哪一種，**都是在設計之初就需要被定義下來的方向**，這樣設計師才有辦法以解決這個問題為最終的依歸，讓設計不致於失焦。

從身邊的感受出發，才最有力量

和瑄明好幾個月的討論過去了，雖然這樣的討論非常過癮，然而我們也不得不承認這樣的討論其實很難聚焦，對於真正的行動也沒有什麼太大的幫助。這時候，一個之前雜誌計畫所認識的朋友捎來了訊息，問我們有沒有興趣認識另外一位朋友，他正在台南的青年中心擔任輔導員，也許對我們想要做的事情能夠提供一些建議或幫助。

「當然好啊！」面對這樣友善的邀約，我們沒有什麼拒絕的理由，於是便興沖沖地到了位於台南天主堂的 Youth Hub 去赴約。Youth Hub 是「行政院青年輔導委員會」（簡稱「青輔會」，為現今「教育部青年發展署」的前身）在台灣各地設立的青年中心，提供青年就業、創業、生涯輔導等綜合性的發展業務。而這位「朋友的朋友」，便是在這間位於台南的 Youth Hub 擔任主任。

第一次見面，這位看起來胖胖的，自稱「海龜」的主任便熱心地與我們聊了起來。

他聽了我們的來意後，便開始滔滔不絕地跟我們分享他的經驗與想法。這位海龜大哥擁有多年的志工與非營利組織服務經驗，對於我們這兩個一心想要改變世界卻不知從何下手的年輕人來說，自然而然是聽得一愣一愣的。

期間，海龜自然也問到我們到底想要做什麼，我們便一五一十地把當下所想到的一些概念講給海龜大哥聽，不外乎是要組織什麼團隊來改變年輕人的想法、讓年輕人更有創意云云。

聽完之後，海龜大哥便毫不客氣地回應我們：「你們與其在那邊擬一些什麼偉大的計畫，為何不先從**掃馬路**開始？」「掃馬路？」聽見這樣的回應，我們感到非常的不解和疑惑。明明我們就想要改變世界，為什麼是掃馬路呢？

我還記得那時候海龜是這麼說的：「你要做什麼東西都沒有關係，想要改變世界也好，想要做其他事情也好。不過重點是，你們要能確定你們做的事情是真正有正面效果的，就算沒有正面效果，也不要有負面效果。

我們都覺得我們自己是好人，至少不是壞人。我們奉公守法，按時繳稅，工作認真，讀書努力，沒有做什麼為非作歹的事情。但是我們常常會做一些**自以為對人有益的事情，卻在不知不覺之中傷害別人**。就像是『八八風災』時，許多人搶著要救災，把救災當做是炫耀自己愛心的表現，揪團來個救災兩日遊，卻絲毫沒有考慮到受災戶的心情。如此只是造成更大的社會問題，卻沒有解決到任何的問題。所以我希望你們想清楚，然後就要去做，不管是掃地或什麼的都好，只有真正去做，才能夠真正知道問題在哪裡。」

面對這樣的回應，我們被嚇到啞口無言，內心也受到很大的震撼。在往後的日子，這段談話對我們起了很深的影響。

那時的我們被想要「改變世界」的念頭沖昏頭，卻對於想要「**改變什麼**」，或者是「**為什麼需要改變**」這件事情根本沒有深度的思考。甚至如海龜所言，有些所謂的改變行動，不見得是變好，說不定會造成更大的傷害，那不如不要改變比較好。

從那天起，我們才開始認真地思考「為什麼我們選擇了A方案而非B方案，為什麼我們會比較喜歡辦一個創意工作坊，勝過於幫忙清掃街道？」

的確，我們之所以繼續討論著我們能夠做什麼，內心總是有一些想要為這個社會奉獻的意味在其中。只是該做什麼才好？才有效？在雜誌計畫失敗之後，我們一直拿不定主意。

過了一些日子，我們參加了一場由海龜大哥所推薦的講座。這場講座規模很小，聽眾不超過十個人，而講者是當時尚未太有名的少年公益家沈芯菱。

那時沈芯菱不過十七歲，才高二的年紀，卻有著豐富的社會行動經驗。她侃侃而談自己是怎麼觀察到老家的柳丁滯銷，導致柳丁掉至一粒一元都不到的賤價，便寫信投書媒體，呼籲當時的行政院長能夠正視這個問題。

當時這樣的呼籲讓農委會開始做出回應，以不錯的價格開始收購滯銷的柳丁，許多機關團體也開始認購柳丁。加上她自己架站宣傳，呼籲大家重視這個問題並且多吃柳丁，柳丁的價格終於開始上漲。在這之後，家住雲林的她也觀察到自己家鄉英文能力普遍不足的情況，於是運用自己的資訊能力架設「安安免費教育網」，讓小朋友可以透過網路資源進行課後補強。

看著眼前這個比我們年輕的女生，不僅已經有很明確的想法，也都已經付諸實踐，這讓我們不禁感到汗顏。然而更重要的是，她的故事讓我們開始尋思：「為什麼她會選擇解決柳丁問題，而不是其他像是土地污染或休耕等等的農業問題？為什麼她會想架設英文網站，而不是做一個英文教學志工？」

我們得出的答案似乎簡單的可笑，卻又無比的真實：正因為她身處在那樣的環境，身旁的親戚朋友都是柳丁農，所以對於柳丁的問題當然感同身受；正因為她觀察到她所住的地方孩子們普遍沒有辦法負擔課輔家教費用，加上自己懂得如何架設網站，所以才成立了「安安免費教育網」。這些每天生活都遇得到的問題，讓她產生了強烈的感受，於是願意付出自己的能力去試著做出改變。我仍記得她在演講中曾用考試來做過比喻：「我有能力考到80分，也有能力考到90分。但是從80分到90分，需要付出很大的心力去準備，如果把這樣的心力拿去幫助其他只考60分的同學，讓他們從60分進步到80分，那不是很棒的一件事嗎？」

有了沈芯菱的故事作為我們的標竿，我們開始回頭思考當初想要做這樣的計畫，到底源自於我們生活中的哪個感受？又為什麼我們會對某些事物產生感受而某些不會？那是不是就是我們真正想要解決的問題？

設計的使命正是解決問題

一個設計師最重要的任務，不見得是設計出一個漂亮、有設計感的產品，能不能解決到問題才是設計師的使命，不論這個任務是解決美感問題、生活實際問題、炫富問題還是公益問題。那麼，作為「自己」的設計師，我們的使命又會是解決什麼樣的問題呢？

答案因人而異，但不管怎麼變化，無非是回到一個大哉問：**對你而言，人生中最重要的事情是什麼？**

對我自己而言，我覺得人生最重要的事情就是過得快樂，而最快樂的事情莫過於每天能夠做自己喜歡的事情。

我從小就是一個非常喜歡創造的人，各式各樣的創造。比如說我曾經根據注音符號編寫一套可以對照中文的符號系統，看起來像是韓文、日文跟中文的混合體（當然，除了自己以外沒有人看得懂），至今我都還會用這套文字作筆記和寫日記。我也曾經為了辦理班上的實習老師歡送會，花了整整一個星期，與班上的同學合作把整個教室改造成捷運站的樣子。而寫文章、創作歌曲、拍電影、製作圖像海報等等，也是不計其數。

為什麼我會這麼熱中在這些事情上面？那倒不是說我在這方面真的特別有什麼天賦之類的，我的文章不是班上寫最好的，創作的歌曲也不是社團裡面的頂尖，但在做這些事情的時候，我會感到非常的開心與快樂，全心投入在其中，彷彿時間不再存在。若是真的要說的話，我想那是因為創作就是我的熱情吧！

雖說如此，我並不是從小就知道自己對於創造這件事情有這樣的熱情跟喜好，而是一直到了高中、大學，開始懂得自我覺察之後，回頭觀察自己一路成長以來的行為才歸納整理出來的。當我開始意識到自己對於「創造」這件事情擁有熱情之後，才發現原來我對於創造的熱情是怎麼影響著我的生活、行為跟觀點。

這樣對於創造的熱情同樣影響著我所一手發起的「創誌計畫」。在與夥伴討論這個計畫到底是要解決什麼問題的過程中，我漸漸地發現，當初之所以會覺得同學們「缺乏創意、思想保守」，這樣的觀點背後其實正反映出我所秉持的價值觀：人應該擁有創意、用開放的思想面對世界。在這樣的價值觀底下，我才會覺得「缺乏創意、思想保守」是個問題。

換句話說，若是一個人的價值觀是「人應該尊重與維護傳統」，那麼也許這樣一個「穩健踏實、延續傳統」的環境可能對他而言就是如魚得水了。

那麼，為什麼我會有這樣的價值觀？這不得不從我的高中談起。我所就讀的高中「師大附中」，向來以校風自由開放聞名，附中的學生常常在學校裡自發性地舉辦許多大大小小的活動，也常向校方爭取許多學生應有的權益。在這樣的一個地方裡，許多參與社團、學生組織的人都會沾染這樣的價值觀：創新和獨立思考是必要的，**若是一件事情沒有辦法說清楚為什麼要做，那不如不要做**。

在這樣的環境底下，學生們自然而然地被同儕、社團和學校鼓勵著產出各式各樣有趣的活動和想法，不會害怕失敗、也勇於嘗試從未嘗試過的事情。然而，當我畢業進到了成功大學後，在成大遇到許多思想比較保守的學長姊或同學們，他們不僅對沒有做過的事情感到戒慎惶恐，也很少有自己的觀點與想法。就算有時候有了一些創新的點子或想法，卻往往礙於對於失敗的恐懼，而遲遲不敢行動跟實踐。

同樣畢業自師大附中的我和瑄明都是受過那段創意和獨立思考校風洗禮的人，對於這樣急遽變化的環境開始不自覺地產生了極大的不適應，這也正是我們從自己生命經驗中感受到的問題。

一個人是誰，端看他重視的價值而定

我們發現，這些害怕創新、害怕失敗的朋友們，缺的是所謂的「**創意的態度**」。

什麼是創意的態度？就是當你觀察到一個問題、或冒出一個想法，你願意去運用創意解決、嘗試行動，並且不畏懼失敗，就算失敗了也願意再度嘗試其他可能的辦法，我們稱這樣的態度為「創意的態度」。

回顧我們找到這個答案的歷程，其實經歷過無數次的碰撞、嘗試，當然不乏許多的資料研究、辯論、反思，為的是希望找到一個真正與生命經驗相關的問題，一個讓我們值得花上我們的青春去努力嘗試解決的問題。更重要的是，在這樣的過程中，也讓我重新反思了「**自己到底重視什麼事情**」，而這正是以「自己」為設計對象的設計師（也就是正在閱讀本書的你）該去思考的事情。

就設計而言，**找到一個好的設計主題，設計幾乎就完成了一半**。設計自己也是一樣。當一個人開始知道自己的熱情所在、知道自己重視的價值是什麼，那麼剩下的部份也就相對來說容易多了。

換句話說，**知道自己的熱情、自己重視的價值是什麼**，可以說是在整個「設計自己」的流程當中相對困難的部份。為什麼這麼難？因為在我們的教育中，幾乎沒有教過我們該如何去發現自己重視什麼價值、去挖掘自己擁有熱情的事物。

如果你去到大學的校園裡，訪問一個班級中，有多少學生是因為真的對該科系感到「有興趣」或「有熱情」才來就讀的，你可能會感到很失望，因為舉手的大概不會超過一半。

大多數的學生選擇科系都是「因為分數到了」、「因為父母的期待」、「因為念這個感覺出去可以找到比較好的工作」，最怕的還是會有許多人坦白地回答你：「我不知道。」

這樣的情形往往會延續到畢業出社會的階段。根據「青輔會」的調查，台灣地區俗稱「七、八年級生」的世代中，在職場上離職的一百個人當中，就有十四個人是因為「不知道工作的意義」而離職。但是，既然學校從沒教我們找到自己的熱情、自己重視的價值觀，我們又怎麼會知道到底該怎麼做？

我們不妨可以借用設計師的方法來簡單試試。

在設計方法裡面，有一個方法稱作「**意象語彙**」，目的是讓設計師可以更了解使用者對於某個產品的感覺。所以當今天產品換成「自己」的時候，使用者當然也是「自己」。作為自己的設計師，我們一樣可以運用這個方法來簡單地找出自己重視的價值觀在哪裡。

在操作這個方法的時候，通常會有一張形容詞的表格，裡面可能會羅列近百種的形容詞，讓使用者來選取自己對於某個產品的感覺。

當我們要設計的對象是「自己」的時候，這些形容可能會是「正義的」、「溫暖的」、「友善的」、「獨立的」、「有創意的」，我們可以在這樣的表格當中選出五個最能夠代表自己的語彙。當我們認真的面對自己、把這些語彙選出來，某種層面上來説就是在做定義自己的工作。

我還記得第一次當我接觸到這個工具的時候，我在上百個形容詞中挑選了很久，最後在「有創意的」跟「有幫助的」當中猶豫不決。

我這才發現，**當能夠選擇的數量受到限制之後，人們就會在心理開始排列每個詞彙的優先順序，而這個優先順序，其實也就反映出自身重視的價值觀。**

重視的價值觀就好比一個產品當中的「**設計原則**」，比如説必須採用可回收的材料、必須同時適合殘障人士與一般人士使用、希望表達出高檔的感覺等等，這些都是在設計初期定義問題時，需要界定下來的設計原則。這些原則往往都是來自於設計師對於產品的理念跟想法，很大程度了影響最後產品的樣貌。

而作為自己的設計師，定下自己的「設計原則」也很重要，這些原則會來自於我們所重視的價值觀。我們將從這樣的價值觀出發，開始設計我們自己想要成為的樣子。

另一方面，這些價值觀同時也可以讓我們重新檢視自己。如果哪一天，當我們檢視自己的生活時，赫然發現有許多部分與自己重視的價值觀相衝突，那麼也許就是到了應該改變的時候（不論是改變自己重視的價值觀，或是改變現在的生活）。

創造自己的困境

除了「設計原則」以外，接下來要定義的就是所謂的「**設計課題**」。一個設計師需要從對使用者的了解來找出到底什麼樣的產品才能解決使用者的問題，進而訂出一個設計主題。一個好的設計主題會讓設計的結果有很大的不同。

在談論創意的時候，許多講者都會提到這個很經典的例子：福特與他的汽車工業。傳說「福特汽車」的創辦人亨利．福特在當初發想汽車的時候，他發現在那個路上只有馬車滿街跑的時代，不論他怎麼問其他人到底他們想要怎麼改善交通問題時，人們總是回答：「我需要可以妥善處理馬糞的馬廄」或是「幾匹跑的更快的馬」。若是福特當時就拿這個當做他的設計主題，那恐怕現在也不會有滿街跑的汽車了。

福特做的是，從問題的根源思考，問自己，「要怎麼讓一個人從A點更快地前往B點？」問題不同，得出來的答案就不同，在設計自己的時候，也同樣要審慎決定自己的設計主題。

在我帶領的工作坊當中，有很多組別都對於教育有濃厚的興趣，希望可以透過自己的一些努力來改變教育。當問到他們到底感受到臺灣教育的問題在哪裡時，他們都會回答「台灣的學生對於成功的定義太過狹隘。」生活在台灣，我們的社會對於一個「成功的人生」有一個很既定的想像。這個想像不外乎是結婚生子、找一份穩定的工作（公務員或鐵飯碗是首選）、買一棟房子、然後賺很多錢在退休之後享清福。雖然有許多年輕人對未來很有自己的想法，卻也有為數不少的年輕人對於未來的想像全部都取決於父母的期待、社會的樣板和同儕的流言。

他們總是這樣子描述自己：「**我不知道未來要做什麼耶，反正現在念什麼未來就做什麼吧**。」要不然就是「雖然發現自己不喜歡現在正在念的科系，但是念都念了，只好硬著頭皮把它念完，然後找相關的工作做。」彷彿人生在大學階段就已經被定下來了，無法改變。當這樣子的概念已經根深蒂固，就算邀請他們設計自己，設計主題也很可能會窄化在「要如何才能夠賺更多的錢？」或是「要如何才能夠找到一份好工作？」，而對於這些錢跟工作背後所代表的意義卻未曾深思過。

這並不全然是年輕人的錯，在思想僵硬、追求標準答案、缺乏探索空間的教育環境長大，要年輕人能夠很清楚自己真正想要的是什麼樣的生活，無異是緣木求魚。許多現今已經三四十歲的成年人，也不見得真的清楚自己想要什麼，只不過比起追求自己真正想要的生活，隨著體制跟大眾的期待流動可能還要更輕鬆一些。在這樣的情況下，往往需要一個特別的「契機」才有辦法讓人們開始重新思考，自己到底想要過什麼樣的生活。

我想你可能聽過類似的故事：許多成功的企業家都會在他們的演講中提到，在他們年輕的時候，總認為「功成名就」或是「賺錢」是最重要的一件事情，直到自己生了一場大病，突然發現這些成就和財富很有可能在一夕之間就全部化為雲煙，這才發現「健康」是這個世界上第一重要的事情。又或者，許多人在墜入愛河之後，覺得自己的生命就是為了對方而生，把「愛情」當做是人生最重要的一件事情，花了大把的時間和精神取悅對方，只是想要讓對方開心，最後卻不幸被甩，才發現「作自己」才是世界上第一重要的事情。

你可能已經發現了，通常促成這個思考上的改變、讓人們重新思考自己所要生活的「契機」——要不是車禍、親人去世，就是生了一場大病或是被最愛的人拋棄，很大程度都是悲傷的困境。人們往往要面對到自己人生中的重大的困境時，會開始重新思考自己到底要過什麼樣的生活，這實在是一個悲傷的結論。但想要改變，一定非得如此嗎？

一個理想的生活狀態

我從小不是一個身體很好的人，時不時會有心悸的毛病。以前剛開始心悸的時候，因為不理解到底為什麼會發生這樣的狀況，心裡就會開始幻想一些情節：會不會自己其實得了絕症？或是會不會心臟就這樣越跳越快，然後下一分鐘就死掉了？雖然實際上根本就沒生什麼病，但在這樣的困境情境的塑造下，我不禁開始思考：若是人生只剩三個月，那麼做什麼事情會讓我覺得人生就算下一刻就會結束，我也會覺得心滿意足？

在這樣的困境塑造下，我開始觀察自己的生活，在那些我覺得感覺到滿足愉快的時刻找到些共通點。這才發現原來只要每天能夠從事創造性的工作，同時這個工作又能夠對他人產生正面的意義，我就覺得心滿意足了。

雖然這個方法不見得對每個人都有效，但有時候它失效的原因不是因為方法本身，而是我們常常會覺得一定要在生命完結前做完「某件事」才能夠心滿意足，而忽略了這個方法其實是要幫助我們**找到理想的人生樣貌**。試想若當我們已經做完「某件事」之後，我們卻仍然活著，那麼剩下的日子要做什麼呢？

所以不妨換個角度想想，若是我們只剩下幾個月的壽命，那麼在什麼樣的「生活狀態」下，我們會覺得就算隨時死去也不會遺憾？一個理想的「生活狀態」需要是一個能夠長期讓自己感到滿足的狀態。有些人天生喜歡流浪，對他而言，一個理想的生活狀態可能是常常在不同城市中遊走、工作。有些人則喜歡工作的時候不用動太多腦袋，把精力和能量都留在下班後的生活娛樂當中。從現在開始，我們便可以思考該怎麼讓自己達到這樣的「生活狀態」，找到自己理想的生活模式，讓自己成為自己想要的樣子。

著名的建築師姚仁祿也曾經用類似的方式來描述過創意。他覺得一個好的創意的產生，有時候會需要所謂的「**困境加持**」。也就是在有限制的情況下，想出來的創意點子往往會更令人驚豔，也更有價值。這也是為什麼我們會發現很多人在貧困的情況下，反而能夠發揮出驚人的創造力與生命力，創造出令人佩服的精采人生。

總歸一句話：你甘心嗎？

話說起來很簡單，但是找到自己重視的價值、發現自己的熱情，並不是那麼容易的一件事。正如在設計思考的「定義問題」階段一般，往往是整個設計流程中最重要但也最麻煩的一個步驟。在我為青年所開設的創致工作坊（社會創新與自我探索工作坊）中，學生都會操作到定義問題這個步驟，好把他們觀察到的問題定義清楚，以利之後的行動發想。但在操作時，許多學生常常會被問題背後各種錯綜複雜的成因、各種不同的利害關係人、不同面相的問題受害者給搞的頭昏眼花，不知道該從何下手。

在我與瑄明針對「創誌計畫」進行討論的時候，也遇到同樣的情形。漫長的討論跟分析，卻始終找不到一個明確的問題，讓我們好幾度都想要放棄這個計畫，專心念書算了。有一次，我真的已經覺得心灰意冷，回頭思考這一整件事情到底是怎麼來的，才發現這個計畫竟然已經跑了快要一年，心中突然湧起一股不服輸的感覺，就這樣放棄，「你甘心嗎？」我這樣問自己。

一時心血來潮，便把這四個字寫在牆上寫滿想法的海報紙上。從那天起，每當我們討論遇到了瓶頸，覺得不知道該怎麼繼續下去的時候，總會望向牆上的那四個大字，那映入眼簾的「你甘心嗎？」彷彿未來的自己正在嘲笑自己，就能夠讓我們有著動力繼續走下去。

縱使這個關卡不容易，卻也不需要因為一時找不到就被困住。**設計思考從來就不是一個線性的流程，而是不停循環、優化的過程**。也就是說，就算一時間無法確認定義出來的價值觀是不是自己最在意的、找到的熱情是不是自己覺得最有熱情的事，都沒有關係。

許多時候我們需要透過大量的嘗試與探索，才能夠確認我們所認定的價值觀與熱情是不是經得起時間的考驗，而非三分鐘熱度或為了滿足他人期待才表現出來的價值觀。

從創誌計畫開始的日子到現在，我們已經經歷了好幾回這樣的流程，也曾經在中途倒回、再前進。當然，對於自己的認識、和想要成為的樣子，也經過了好幾回的改變。許多學生在跟我聊天的時候都會提到，當他們進到了大學之後，才發現自己當初選填的科系，唸起來跟自己想像的不一樣。但是當問到他們有沒有想過轉系、雙主修、輔系甚至重考的時候，他們都無奈的搖搖頭。「反正現在這個系我也不是很排斥，雖然我知道這不是我喜歡的，但念都念了，就這樣吧。」

是啊——念都念了，但人生總是有選擇的。許多時候我們覺得沒有選擇，並不是選擇不存在，而是要做另外一個選擇的時候，需要捨棄掉現在的狀態，而這個動作需要耗費很大的能量，甚至會造成對於某些人的傷害。

我在大學班上有一位要好的同學，他與我同樣都念外文系，甚至也一同雙主修工業設計系。在畢業之後，因為開始幫起家裡的腳底按摩事業，慢慢地發現自己開始對中醫和按摩這個領域產生了一些興趣，於是在花了五年從成大畢業之後，他毅然而然地投入了學士後中醫的考試準備，經過兩年的準備之後終於如願考上，一步步邁向中醫師之路。

雖然他念都念了，但當他發現了自己真正想要的事情，他還是決定放下一切投入。我想那是因為他很清楚他的設計主題，是「**找到自己真正想要做的事情**」，而不是「不要浪費所有做過的決定」。

2-3 一萬元的電影：敢想，世界會因你而改變

在找到定義明確的問題之後，下一步便是開始思考，要用什麼樣的方式才能夠解決這個問題？

我們定義出來的問題人們缺少了所謂「創意的態度」，那麼想要讓一個人擁有「創意的態度」、勇於嘗試新事物，可以有哪些方法？我們前前後後想了三十幾種不一樣的方案，包含了建立一個收載改變行動的部落格、宣傳理念的T恤、單純印製理念貼紙、甚至是跟大企業談商業合作、辦理一個營隊等等。

在林林總總的方案之中，有些方法聽起來令人熱血沸騰，卻難以執行；有些方法看似簡單容易，但成效不大。那麼哪一種才是最有效，又是我們能力範圍內做得到的方法？於是「拍攝一支能夠傳達創意態度概念的影片」變成了我們的首選。

在那個時候，Youtube 這個全球最大的影音平台才剛剛興起，大學生開始有了在網路上觀看影片的習慣，也常在網路上分享不同的影片，彼此交流。觀察到這樣的現象後，加上我們在高中時代也都有影片拍攝的微薄經驗，我們便決定以「拍攝影片」作為第一步的嘗試。

在想到「拍攝影片」這件事情的當下，我們其實壓根兒沒想到真正執行起來到底有多困難，甚至還開始大膽設想：既然要拍，為何不以業界拍攝電影或電視的方式來拍？這樣拍出來的質感會比常見的學生社團影片更好，當質感提昇，宣傳概念也會更加容易！那麼，接下來最大的挑戰就是：拍什麼才好呢？劇情片？動畫片？還是小短片集？

在一個偶然的機會下，我們接觸到了《賴聲川的創意學》這本書。這本書深入淺出地描述了創意跟想法的形成，把創意的構成用系統化的方式闡述出來，同時也講出了為什麼有些人不敢擁有新想法、總是害怕失敗。正好那時候也看了一部用故事在談論哲學思考的片子《深夜加油站遇見蘇格拉底》，我們便決定用說故事的方式把所謂的「創意的態度」傳達給大學生們，期望他們在看完影片之後，在生活中能夠多思考、多想像，在解決問題時能夠發揮創意，找到與眾不同而又超越以往的解決方法，達成更好的結果。

那麼，一部劇情片該是怎麼樣的？我們一點概念也沒有。就算看過的電影不少，拍電影跟看電影還是截然不同的兩件事情。我們只是抱著一個單純的信念：雖然我們口袋中並沒有什麼錢，擁有的唯一資本就是腦袋跟想法，但我們仍然可以好好利用這顆腦袋，在還沒被社會化、馴化之前，發現生命中更多的可能性，為因為工業化而死氣沈沈的社會注入一些活水。

為了達成這個自己立下的任務，我們開始研究起一個電影的拍攝流程，在完全沒有影視相關科系的校園裡，透過 Google 和圖書館找尋各種資料，一點一滴的拼湊出拍電影該具備的條件。我們得學習怎麼繪製分鏡、了解什麼是中線、要知道場記的任務是什麼、也要知道有種東西叫做環境音。在這樣的時刻裡，沒有人出作業、沒有人逼迫我們、沒有利益交換、沒有想要博取什麼，第一次我們這麼純粹地學習、研究、練習，只為了完成一幅心中理想的藍圖。

很幸運地，這個藍圖很大、也很美。

勇敢的想像

在設計思考的第三個階段，談的是 Ideate，也就是根據前兩個階段所感受到、定義出來的問題，**想像看看有什麼樣的方法能夠去解決這樣的問題**。在這個階段中，有一個很大的重點，就是想像，而且要「勇敢地」想像。

在設計思考的流程中，可以根據思考的模式，概略分成「**發散**」與「**收斂**」兩個部分：

「發散」就是想出越多點子越好，讓腦袋中的想法自由的延伸，而暫時收起太多不必要的限制跟框架。在這樣的狀態裡，點子才有機會碰撞激盪出突破現狀的火花，讓創意得以找到一個新的出口。

「收斂」則是根據主客觀條件，還有使用者需求，把點子慢慢凝聚、篩選，直到最後剩下幾個可行性最高，最符合需求的點子，才能夠進入執行階段。而 Ideate 是屬於「發散」的部份，所以必須要盡可能地想像，直到出現最棒的點子。

既然我們想要傳達「創意的態度」，那麼這部影片劇情也應該要有創意才對。話雖這麼說，但當下只顧著傳達理念的我們，對於什麼是一個好的故事，或一個好的故事該怎麼樣被敘說，完全沒有概念，只能從平時對於故事、對於電影的微薄認知作為基礎，再想辦法把我們想要傳達的概念配上劇情、串接成一個故事。

我們那時候非常開心地想像著，若是我們能夠把這些概念各拍成十分鐘左右的短片，用像是連續劇集的概念來呈現，那不是很棒的一件事嗎？甚至能夠像是日劇一樣，用一個固定的套路，去延伸我們想要傳達的概念，好比說「正確的動機是創意發展的優先條件」或是「經驗造成的障礙會讓我們裹足不前」之類的。現在回頭看，不禁心中發笑，覺得那時候的自己怎麼會有這麼天真的想法，怎麼會覺得這樣的影片會有人想要看。不過換個角度看，也是因為當時經驗不足，才敢用更寬廣、更沒有限制的想像力去構思想像中的電影樣貌。

《賴聲川的創意學》中曾引用一位禪師鈴木俊隆的話：「**初學者心中可能性很多，專家心中可能性很少。**」在專家的眼中，許多事情因為經驗上嘗到了失敗，之後便很少用同樣的方法去思考事情。而沒有經驗的新手，則因為經驗不足，不會有這樣的顧慮，有時候有機會想像出更有意思的新點子。當然新手的點子失敗率可能也特別的高，然而「勇敢去想」是想像階段很重要的原則，否則可能怎麼樣都無法有創新的概念產出來。

在我們勇敢地想出了「12集迷你影集」的點子之後，便寫出了生平第一份的劇本大綱，印了十幾份，在第一次的劇本會議上，發給我們招募而來的每一個演員。當大家拿到厚厚的一疊劇本大綱，看起來都嚇傻了。

畢竟「大綱」照理說應該是簡單而易懂的。但是在經驗不足的情況下，很難掌握一個故事的架構到底會怎麼樣。每個演員默默地讀著大綱，他們的眼神、表情，都是那樣的凝重，不發一語，這讓我們的心頓時涼了半截。當我們問及「劇本怎麼樣？」的時候，得到的不是顧及人情的「還不錯啊」，要不然就是令人尷尬至極的沉默。

面對這樣的成果，我們不得不痛下決定「重寫劇本」。接下來的一個月，我們絞盡腦汁地討論劇本，我們的劇本於是有了第二版、第二版α、第二版β、第三版、第四版，一直到最後定案的4.3版。到了最後的一版，故事已經與第一版的故事相差甚遠，只剩下一個象徵性的「鑰匙」還存在於故事之中。雖然最後定案的劇本仍然有若干不滿意之處，但比起第一版的劇本來說，已經好太多了。

在時間的壓力下，我們便採用了這版的劇本開拍。而這一切的發想工作，都只為了找到最能夠表達「創意的態度」的一個故事，讓我們能夠把它拍成電影，宣傳我們的理念。

寫自己的人生劇本

每個人的生命歷程中，不一定會有這樣的機會發想劇本、撰寫劇本。但作為自己的設計師，發想人生故事的劇本是一個重要的工作。每個人都是自己生命故事的主角，同時也是自己的導演。要怎麼撰寫這個劇本才會讓這個故事好看，是自己必須要思考的問題。與電影不一樣的是，一部電影好不好看，是由觀眾來決定。但自己的生活過的好不好，是由「自編自導自演」的自己來決定。

話雖如此，很多時候人們常常會忘了自己的角色，真以為自己在演的是給別人看的電影，又把判定人生好不好的工作交給了別人，到頭來就會變成我們努力地執導自己人生的故事、努力的扮演自己人生的角色，卻完成了符合他人期待的一個故事。

若是我們把「**他人的期待**」作為自己人生劇本發想的前提，便得面對一個難解的問題：怎麼樣做才會符合他人的期待？我們終究不是他人，無論怎麼試著同理、猜測，都很難完全知道他人到底會對什麼樣的作法滿意、什麼樣的表現感到高興，到最後往往為了別人的期待疲於奔命，自己的想法則根本無法延伸擴展，對於人生的想像也受到莫大的侷限。

在設計的想像操作上，常會用到一個著名的發想技巧，稱為「腦力激盪」（Brain-storming）。參與腦力激盪的夥伴必須要在一定的時間之內，盡量地丟出想法，而先不要在乎想法的可行性。這是因為腦力激盪有一個很重要的規則，叫做「延遲批評」。也就是說當有一個新想法誕生的時候，不要先去批評這個想法是好或是不好，因為當批評產生的時候，往往也阻礙了思路的順暢運作。

在思考自己到底想要成為什麼樣的人的時候也是一樣，最好可以把一切外界的評價、價值觀、親朋好友的期待都先放到一邊，想像自己在一個獨立的平行宇宙，不受其他人的干擾，直接地問問自己，到底什麼樣的人生故事，是能夠讓自己開心、讓自己感動的？

許多人會借助旅行的方式來做這樣的思考練習，尤其是一個人的旅行，這是一個很不錯的方式。在旅行的時候，會有所謂的「異地思考」的效應產生。因為環境不一樣了，我們的感官會比起在熟悉的環境來得更加敏銳，更容易去觀察到許多平常被自己忽略的細節。也因為接觸到的人事物都不一樣，所以也會更有機會觀察到自己到底對什麼樣的人事物會感到有興趣。一個人旅行更好的是，因為在不熟悉的環境獨處，所以不需要太顧慮其他人的眼光或是期待，可以更純粹地思考自己理想的人生劇本。

除了旅行之外，也有另外一個方式可以試試，那就是用「分鏡」的方式畫出「未來的某一天」。

在電影當中，所謂的「分鏡」是導演在開拍之前的準備工作。一份完整的分鏡就像是漫畫一樣，把一部影片的鏡頭畫面用一張又一張的圖畫來表達出來，這樣可以幫助導演還有攝影師在電影拍攝之前，透過分鏡來想像電影拍成之後會是什麼樣子，也有利於電影拍攝的效率。

在近期一場以「設計自己」為主題的工作坊當中，我們便進行過這樣的練習。我在工作坊中邀請所有人幻想自己身處一個十年後的平行宇宙當中，當有朋友到自己的家裡來參觀，會看到自己正在做什麼？過著什麼樣的生活？

其中有一個男生畫了一個人彈著吉他，坐在路邊，旁邊還畫了一個投錢箱。他告訴大家：「我希望未來自己可以像個『吟遊詩人』一樣，到處彈奏吉他表演維生。」因為他喜歡自由自在的生活，對於物質也沒有太大的需求。所以他覺得要是未來沒有太多的錢，能過著這樣的生活也是蠻愜意的。

另外一個女生則畫了一個慵懶的自己和一隻貓，住在一棟舒服的屋子裡。她這樣子描述著：「我希望未來哪一天我可以住在一間恆溫的屋子裡，看看書、喝喝茶，覺得無聊就去找點喜歡的事情來做。時不時還會有姊妹來拜訪，一起開個派對之類的。」

這些學員在描述著自己未來的生活模樣時，無不露出幸福的神情。彷彿他們真正已經在那樣的生活當中過著。也許你會想問，做這些不切實際又漫無邊際的白日夢，到底有什麼樣的幫助？又不是中了樂透或是有個有錢的老爸老媽，為什麼要想像一個一點也不實際的夢境呢？

其實，**透過這些想像，你可以從中發現自己到底重視的價值是什麼**。比如說那個想要當吟遊詩人的男生，也許最終沒有機會真的靠著彈吉他維生，但是這樣的想像很大程度地反映出他對於流浪、自由、簡樸生活的嚮往，重視心靈的價值勝過於物質生活。或許未來某天，他成為了一個旅遊作家，用自己體驗到的生活，透過文字來分享給他的讀者，也會感到同樣的幸福。

我也曾經在大學的時候做過這樣的白日夢。我夢想著在未來的某一天，會當個所謂的「空中飛人」，坐著飛機或各式的交通工具在各地跑來跑去，工作在電腦網路上完成，然後得到的收入可以供應著我在各地旅行。幸運地，幾年後的今天，我真的開始過起類似的生活！因為自由講師的身分，我必須在各地進行授課與演講，也運用電腦和網路來備課。雖然旅行的成份比起想像中少了許多，然而常常在不同城市遊走、體會生活，卻也滿足了當初的想像。

在想像的階段，最重要的就是先不要擔心可行性，也不要擔心別人的評價跟看法，只管先把自己想要的部份想像出來。這倒不是說其他的部份真的完全不要考慮，而是只有在我們先完整地把自己的想法建構完整之後，才能夠把其他人的意見納進來作為「參考」而非「依歸」，以免自己的想法在還沒成熟或具體之前，一下子就胎死腹中了。

先相信再看見

除了想像自己想要的生活以外，在前往理想生活的路上，如何運用想像力來克服現實的障礙也是一個很重要的課題。在準備電影拍攝的過程中，我們只有微薄的存款和一台DV攝影機，到底要怎麼拍出一部耗資通常以十萬百萬計的「電影」？

就拿滑軌來說，「滑軌」一直是我們那時候夢寐以求的神器，電影中許多完美的環繞鏡頭、或是走廊的移動鏡頭，絕大多數都是運用滑軌所做出來的鏡頭效果。但是網路上一套簡單的滑軌就需要十二萬，憑我們在大學時的零用金和打工錢，得不吃不喝好多年才有可能存得到，那要怎麼樣才能達到滑軌的效果，又不用花這麼多錢呢？

我們那時決定去一趟「特力屋」，抱著姑且逛逛的心情，看能不能挖到什麼寶。結果讓我們在特力屋發現了一個特價出清的舊畫框，大小正好和腳架的底盤寬度差不多，加上四個輪子，打算打造一台可以取代滑軌的滑車。畫框有了、輪子有了，要怎麼把他們組合起來？幸虧瑄明是機械系的，他就把我帶到機械系的樓下晃晃，果然遇到一個研究生正在做實驗。便請他們幫我們打幾個洞，再把螺絲鎖上去，就這樣，一個成本不到三百塊錢的克難滑車完成了！

有了夢寐以求的滑軌，那麼拍攝的燈光又該怎麼辦？一台攝影棚燈少說也是十萬起跳，而且所需的電力大概會讓附近的店家瞬間跳電。那麼用一般的「高亮省電燈泡」總行了吧？但如果只用一顆燈泡光線容易散失，不容易達到聚光的效果。

這次我們隨意逛到了一間連鎖五金百貨行，兩個人在店裡面繞來繞去，突然瑄明大聲把我叫過去，只見他頭上戴了個非常搞笑的遮陽帽，遮陽帽的一側是竹編，另外一側就是能抵擋紫外線的鋁箔反光材質。現在怎麼會還有這麼俗氣又有趣的設計，我們為此笑了好久，才突然驚覺，這不正是我們所要的東西嗎？！由於整頂帽子用好幾片這樣的材質所縫製而成，非常柔軟。當把整頂帽子由裡而外翻轉過來，一個聚光燈罩就這樣完成了，而成本只要二十五塊！

在孔廟明倫堂拍攝電影的時候，掌鏡的是當時擔任製片的瑄明。我們想盡辦法想要製造出滑軌的效果。雖然後來最終的影像不甚理想，卻仍然帶有那麼一點滑軌的「味道」。

攝影機的滑軌有了，打光的器具有了，再來就剩下聲音了。電影拍攝現場通常會設置一位收音員來監聽收音的效果如何。監聽的效果取決於耳機能夠隔絕多少來自於外界的噪音，雖然試過了很多款市面上一些平價的全罩式耳機，但是沒有一款可以達成這樣的效果。直到我們討論到「什麼樣的東西最能隔絕噪音」的時候，一個絕佳的解決方案出現了，而這個方案只要十五塊錢，非常輕便，效果極佳，那就是工人使用的防噪耳罩！當我們用一組不到一百塊的耳塞式耳機搭配上這個防噪耳罩測試時，瞬間世界只剩下那隻麥克風的聲音！

這些發現令我們欣喜若狂。雖然我們沒辦法擁有高級的設備，但是克難的方式卻更能發現物品真正的價值。本來可能得花上二三十萬的資本去購買或租借這些昂貴的攝影器材，現在卻只花了兩三百塊的成本就能夠達到接近的效果。或許這兩三百塊所搭出來的破爛器材跟二三十萬的器材沒辦法比，不過這些破爛器材卻發揮了遠超過其成本的價值，這是最棒的部份！從另一方面來說，我們也在這個過程中體現了「創意的態度」，這恰恰也是我們希望透過電影傳達給觀眾的事情！

後來回頭想想，在這樣的一個想像與完成想像的過程裡，除了勇於大膽想像、不受框架限制以外，還有一個讓我們最終能克服困難的因素，那就是「相信」。對於能夠拍成電影這件事情，我們幾乎是毫不保留的相信（當然，拍的好不好是另外一回事）。就一個幾乎沒有任何經驗的團隊來說，這聽起來有點荒謬，但也是因為這樣的相信，當需要面對突如而來的障礙時，這份相信就會轉成克服的動力，逼迫著我們去找到有創意的解決方法。

在設計自己的時候，也是一樣的道理。當自己相信成為理想中的自己是必然的結果，就算最後並非百分百與想像中的狀態一模一樣，也會因為這份相信而距離理想的狀態越來越接近。

找到自己的舒適圈

近期在帶領創意思考工作坊時，帶到想像階段的時候都會碰到一個困境：許多學生雖然很有創意、也掌握了創意思考的訣竅，卻在真的要產出想法時，遇到想法難產的情況。有些是產出的想法都大同小異，也有些是絞盡腦汁，想法的數量一直無法提昇。面對這樣的困境，雖然會試著引導他們、刺激他們，但有時候也束手無策，因為通常這樣的困境往往無法在短時間內就有辦法解決。

為什麼會這樣子？

根據許多研究顯示，人們的創意通常不是憑空出現的，而是一個重新組合的結果，而這些組合的素材，來自於平常對世界的觀察和生活經驗。

一個好的創意要能夠誕生，要不就是自己擁有非常多不同的生命經驗，因此有足夠的資料庫能夠產出足夠多元的組合可能，要不就是與跟自己生命經驗相異的夥伴一同發想，透過想法的碰撞來產出新的創意。

而在我所帶領的工作坊中，許多人都來自於相近的生活背景、社經地位、學校科系，再加上對於主題的了解缺乏、或平時接觸的資訊不多，有時便很難產出與眾不同的新想法。因此這些學生並不是沒有創意，只是沒有足夠的素材讓他們發揮創意。當他們接觸到更多資訊、甚至懂得把已知的資訊拆解、重組，加上敢於思考的態度，那麼找到有趣又可行的創意想法只是早晚的事情。

從這樣的現象回看「設計自己」的過程，其實也很容易陷入同樣的瓶頸。你曾經聽過有一個職業叫做「小雞性別鑑定員」嗎？或是「書籍修復師」？這些職業若不是在相關領域工作的人，可能很難會知道，原來世界上還有這樣的職業啊。當我們所知的職業越少，在想像未來想要過的生活的時候，就只能縮限在自己所知的範圍內去想像。

這就是為什麼近年來「跨出舒適圈」這個概念越來越紅的原因。「舒適圈」這個概念是在說，**我們慣性會趨向於生活在熟悉的環境、做自己擅長的事情，在這樣一個無形的圈子中，感到非常地自在。**而跨出舒適圈，就是要去挑戰那些自己沒有經驗、不熟悉的事情，在這樣的一個環境刺激下，不僅能夠增加見識、所知，也能夠發揮自己的潛力，提昇自己的能力。

身處在一個不熟悉的環境底下，感官的感知能力會比起熟悉的環境來說明顯的提昇。而這些感受到的新訊息，都會成為我們資料庫的新資料，讓我們在未來需要想出新點子的時候，便有了新的素材可以使用。

同樣的，當我們知道了更多種生活的可能，我們對生活的想像也就會更廣闊，在想像自己想要過的生活時，便有了更寬廣的想像空間。

我有一位朋友就過著我從來沒有想過的生活方式。他結束學業之後，在一個機緣之下有了一份薪水挺不錯的工作，在做了幾年之後存夠了錢，便把工作辭了，運用之前的儲蓄買了一間小套房，透過房租作為生活費，然後全心投入沒有薪水的公益與服務工作。在我沒有認識這位朋友之前，我的腦中只存在「找到一份自己喜歡工作」這樣的可能性，從沒想過在沒有家庭的支持下，會有「不需要工作」的可能性。

「跨越舒適圈」也許可以讓我們認識許多不同生活的可能性，結交許多朋友，增廣見聞。但對我而言，「跨越」只是一個過程，最終是要「找到」真正屬於自己的舒適圈。為什麼這麼說？如果我們從字面上來看，「舒適圈」應該是讓自己各方面感到舒適的環境和狀態。那麼讓自己活在一個感到舒適的環境或狀態不是很好嗎？每個人都有自己理想的生活樣貌，也許是功成名就充滿競爭力，也許是平淡恬靜做做小生意，也許是特立獨行流浪在各地，也許是朝九晚五有美滿家庭。對於一個喜愛冒險、喜愛新事物的人來說，「跨越舒適圈」對他而言本來就是一件舒適的事。而有些人看似每天過得很舒適，有著穩定的工作和社交圈，也有著物質上的生活享受。但實質上卻常常感到生活沒有意義、工作沒有熱情，總在夜深人靜時感到強烈的空虛感，那麼這樣的生活我們也能夠算是舒適圈嗎？

因此，在想像我們想要的生活時，應該盡可能從多個面相來探討，到底什麼樣的生活是自己想要的？什麼樣的生活是自己認同的「成功人生」？

我曾跟我的大學室友聊到了人生的意義這樣的沉重話題。當我好奇地問他，你覺得生活是為了什麼？他對我說：「我覺得，就目前的我來說，我的人生就是要為了父母而活著，我受他們的恩情太多了，我要用我還能夠工作的時候，好好的讓他們享清福，不愁吃穿，那麼他們快樂我也就快樂了。」

當下我其實一度不能接受，覺得怎麼可能沒有自己的人生想法，只為了自己的父母而活？可是沒有多久我開始意識到，這不過是我對於成功人生的偏見。成功人生可以不需要是五子登科、功成名就，但又何必一定要是充滿夢想、正向積極、自我成就？每個人都有屬於自己的人生，沒有所謂的是非對錯，只要過得開心也就功德圓滿了。

許多人擔任公務員，每天過著朝九晚五，「看似」無趣又無聊的生活，但是也許對於他們而言，能夠有個穩定的工作，上班得時候期待晚上回去可以看個韓劇日劇，周末可以跟自己喜歡的人去聽個演唱會，追星一下，也許哪天心血來潮就結個婚，生個小孩，過著平凡但恬靜的生活，不也是許多人期待的生活嗎？

在想像這個階段，我們會想像出很多人生可能的樣貌。有些或許過於天馬行空，有些可能需要中個樂透，但無論如何，當點子累積到一定的程度，還是需要收斂成為一個具體的目標，才能夠成為自己的人生劇本，讓我們有機會自導自演，把這場屬於自己的人生故事給表演出來。而這樣的「收斂」，取決於自己到底覺得自己的「舒適圈」在哪？什麼樣的生活才會讓自己有熱情、覺得有意義？靠的就是對於自己持續地覺察跟調整。也因此，設計自己一直都是一件不斷循環的過程，而不是一次到位的流程。也唯有這樣，我們才能不斷地在人生的不同時期與階段，都能順利找到屬於自己的「舒適圈」。

創意無時無刻

人們對於「創意」這件事情有時候會有一個迷思，好像創意就是腦袋突然被一個天外飛來一筆的靈感打到之後，一切就水到渠成了！我們在拍攝影片的時候，原本也這樣天真的以為：當我們費盡心力做好電影的前置準備之後，一切就會順利進行。萬萬沒想到，真正的考驗隨著電影的開拍才接踵而來。

比方說，我們有一場要拍頂樓的戲。畫面很簡單：兩個演員要靠著頂樓的圍牆，面對著牆外邊喝飲料邊聊心事。但是牆外的畫面該怎麼拍？我們沒有吊臂能夠拍出兩人的臉，那時候也沒有「無人機」可以飛天去攝影，在團隊的討論之下，赫然發現頂樓的某一側正好有個相隔五公尺左右，面對面的圍牆，我們便決定用這樣的借位方式來達到視覺上在圍牆外拍攝的效果。

又或是在拍攝騎車場面的時候，一開始我們被這個鏡頭給難倒了。因為用汽車拍攝效果不好，也沒有專門的拍攝車可以用，最後我們想到一個人反坐在機車後座拍攝的點子，才讓這個鏡頭在有點危險又刺激的情況下完成拍攝。

這些經歷也許在專業電影人員的眼中都是拍電影的家常便飯，但在沒有經驗的情況下，對我們而言每個困難的鏡頭都是需要透過各種創意來解決的問題。

當技術問題解決了，最令人恐懼的問題才正要開始。當整部電影拍到七八成的時候，我們試著把已經拍的片段粗略地剪了出來，想要感受一下最終完成的樣貌。這一剪出來不得了了，整部影片看起來簡直就是慘不忍睹。

劇情零散、沈悶，節奏忽快忽慢，要表達的東西也不到位。這讓我們頓時跌到了谷底，甚至冒出停拍的念頭。畢竟這樣一個連自己都不喜歡的作品，我們怎麼好意思拿出去播給別人看？但是一想到已經耗費了將近一年的時間，十幾位劇組人員和演員們情義相挺一路走來，哪能說放棄就放棄？那到底該怎麼辦？

經過了緊急會議和構思，「加戲」無法造成結構性的改變，「改結局」也不一定有什麼實質幫助，那麼若是「加上一條故事線」呢？這個主意帶來了一絲希望！於此同時，團隊對於故事和劇本的掌控也有了進步，我們便說做就做，

《鑰匙》首映會後劇組工作人員與演員合照。雖然沒什麼經費，但是靠著大家的熱血參與，我們還是有一個相對完整的編制，左起為場記志翔、場務 DOMO、配角馨瑩、主角宇萱、擔任導演的我、製片兼攝影瑄明、配角饅頭、主題曲主唱綠毛，當然也還有許多超棒的夥伴沒能入鏡。

著手寫了幾幕副線的劇情，並且跟主線相互呼應，讓原本沉悶的電影看起來多了幾分意外跟藝術性。

有了這樣重大的改變，團隊又開始有了不一樣的動力，找新演員、新場地、排練劇情，甚至進錄音室錄了電影的主題曲。終於在八個月之後，電影的拍攝工作殺青，隨即進入半年的剪接和後製，才終於完成了這部長達 68 分鐘的電影獨立製片《鑰匙》。

在電影完成之後，便馬不停蹄地開始籌備巡迴播映工作。除了在成大的校園裡面放映以外，我們希望這部影片可以觸及更多成大以外的年輕人，讓來自不同年齡層和校園的觀眾可以在觀影的過程中獲得關於「創意態度」的概念跟感覺。於是，想像的工作又開始了。這次我們把腦筋動到了誠品書店。若是在誠品書店播放，一方面可以讓本來就來誠品書店的人們接觸到我們的電影，另一方面我們也會因為巡迴的場次有了誠品書店而增加信任感與驚喜感。

於是我們拿著為數不多的預算，跟台南誠品書店的單位接洽，想要租用一塊書店附屬的表演場地作為電影播映之處。原先我們不抱任何希望，沒想到卻被來接待的小姐說：「其實若是你們想要讓更多人知道你們的電影，用這塊場地並不合適，這樣吧，我帶你們看看另外一個場地。」說完便引領我們到了書店的正中央表演台，那裡不僅能見度更高，也有完整的播映設備，重點是價格是我們負擔得起的！這讓我們心花怒放，當下就跟書店敲定了時間，準備迎接這人生的第一次：在誠品播自己拍攝的電影。

放映會當天，台下三十幾個座位幾乎坐滿，還有許多在旁看書的民眾被我們的電影聲音吸引，而不禁駐足觀看。在台上的我們頓時緊張了起來，戰戰兢兢地把電影播完，所幸觀眾反應還不錯，尤其對於我們拍攝的理念跟過程感到好奇。我還記得有一個大約七十幾歲的阿伯，在報紙上看到我們準備來播電影的消息，特地在電影播放前走到台前來跟我們握手：「你們年輕人優秀阿！我是專程從高雄坐火車上來的，看報紙看到你們有這樣的表現，很棒！期待你們的電影！」儘管在電影播映的時候，這位可愛的阿伯還是不敵電影的無聊而睡著了，但結束的時後他還是熱情地鼓掌為我們加油打氣，讓我們覺得倍感溫馨。

在近日回想這段經驗的時候，才發現當初雖然遇見不少困難和障礙，我們還是願意去想像各種突破的可能性，並且透過實際的行動去驗證，是因為我們擁有了很高的「**自我效能感**」。

什麼是自我效能感？自我效能（Self-efficacy）是由社會認知論學者班杜拉（Albert Bandura）在一九七七年所提出來的概念，用來描述「一個人在做一件事之前，自己如何評估這件事會不會成功。」

自我效能感高的人，會傾向相信自己能夠突破一些難關，也能夠在遇到困難時能夠堅持和持續做下去。他們把注意力放在如何解決問題、積極面對問題上面。反之，自我效能感低的人，總是擔心自己會失敗，對於未知的行動感到畏懼，把注意力放在行動導致的失敗、錯誤跟負面效應。

那麼該怎麼提高自我效能感？根據研究，「**實際的經驗**」是影響自我效能感最大的因素。也就是說，要讓一個人相信自己做得到某件事情，一個成功的實作經驗，會比起一些勵志鼓勵的話還要來得更有效。在拍電影之前，我與瑄明都在不同的領域有許多成功的經驗，這些經驗帶給我們許多正向的回饋，讓我們願意相信「拍電影」不過就是另外一件沒什麼大不了的事情，這樣的信念讓我們得以克服層層關卡，把這部電影完成。

因此，在想像這個階段，不僅要勇敢想像自己想要的生活，相信和實踐想像也很重要。在《鑰匙》的電影海報上，有一句標語是「敢想，世界就會因你而改變。」現在看來雖然有點幼稚，但是的確我們想透過電影告訴大家的訊息：

請勇敢地去想像你想要的世界、想要的生活，那將是改變世界的第一步！

2-4 創意，因實踐而擁有價值

在電影拍攝完成後，為了找尋更多的機會，也讓更多的人知道我們的巡迴播映計畫，我們便自己跑到學校的新聞中心，問問是不是有機會可以發送新聞稿。在了解了我們的來意之後，新聞中心的承辦小姐很熱心地幫我們處理，不僅教我們該如何寫一篇新聞稿，也幫我們發送給各個媒體。

就在準備放寒假的那個早上，我接到了一通電話，是新聞中心打來告訴我今天有媒體要來採訪，問我們是不是有空？聽見這樣的消息當然高興的很，也把自己的室友（他在影片中扮演遊戲的關主）抓了一起去。到了新聞中心，才發現來了好幾台電視台的記者，接連的訪問了我們電影的故事。也訪問了我的室友，並且「指示」他該怎麼說故事才有辦法讓這個新聞有「新聞性」。

當天晚上，新聞播出，不禁有點啞然失笑。雖然那個時候高興的成分大過於驚訝的成分，可是當媒體下了標題從A台的「大學生獨立製片・一萬元克難完成」到B台的「**大學生獨立製片・五千元就辦到**」，再加上室友那幾句過於溢美的配合演出，總覺得這一切似乎太過弔詭。當初我們所希望透過電影、媒體傳達出去的東西，到最後卻通通消失，只剩下那些為了拍片而湊出來的克難道具、幾個唯美的電影畫面，成了新聞的焦點，這樣的結果讓我們不知該如何面對。

就表面看來，這樣的成果已經超越了當初的預期。在那個當下，我們還是成功大學第一個這麼大規模獨立製片的團隊，也挑了一個很有理想性的主題，上了主流的新聞、媒體、也做了巡迴播映，上了《自由時報》地方的頭條等。然而距離我們原先想要達到的目標，卻似乎有一段不小的距離。

我們原先的期待是，許多人看見電影之後，會被電影裡面傳達的概念所感動，進而開始採取自己的行動，或是傳播這樣的理念。但實際上當電影出來之後，被大家注意到的，卻是運用有限的資源把電影製作出來這件事情。電影的本身既不好看，也沒有傳播力，這是我們原先沒有料想到的事情。

這樣的結果讓我們陷入了深思。怎麼拍好一部電影，我們確實不懂，所以會出現這樣的結果其實不意外。只是該從這樣的行動當中得到哪些重要的訊息，讓我們可以繼續未完成的任務，讓更多的青年擁有創意的態度？這成了一個待解的難題。

隨著電影計畫的落幕，團隊成員紛紛畢業離開了學校，我與瑄明也各自畢業、當兵。當下我們都覺得這一場從雜誌到電影的華麗冒險到這裡應該算是告一段落了，萬萬沒有想到，這場冒險竟然在幾年後又捲土重來，以完全不一樣的面貌呈現。不過之後的故事，讓我先緩一緩，因為在那之前，我得先確定我花了五年大學生涯所想像出來的生活，是不是真的能夠成為現實？

§　§　§

當設計師把一個產品的藍圖畫出來之後，有一個很重要的步驟要做，那就是製作「**原型**」（Prototype）。

原型與模型不一樣，模型講究的是擬真、講究的是細節，因為模型是最後成品會長的樣子，只不過在大量生產之前，透過小量的製作來呈現，讓人們可以透過模型來得知產品的樣貌。但是原型就不一樣了，原型是一個設計的中繼階段，很粗糙，但也很實用。在原型的階段當中，當我們要表現某個產品的功能或型態，可能隨手抓幾張膠帶、幾個小木條就可以拼湊而成，目的是用來告訴共同創作的夥伴，到底這樣產品在設計師的腦袋當中，大概是怎麼樣的。

由此可見，原型的誕生有一個很重要的功能，那就是「**溝通**」。當語言無法確切的表達自己的想法時，具象化的原型會是很不錯的溝通方式。

在我所就讀的設計系畢業時，每個人都需要參與所謂的「畢業製作」就是一個例子。

由於那時我們選擇的主題是「機車兒童座椅」，在溝通時就面臨很大的問題。一方面因為機車的外型很不好繪製，在圖像的溝通上有其困難，另一方面我們的設計是可變動式的，有許多需要活動的關節和軸承，與其用語言或是圖像來溝通，還不如做出實際可動的簡單原型來得有效率。我們蒐集了幾塊珍珠版跟粘土，加上幾根迴紋針，透過簡單的拼湊，便做出了幾個不同的產品原型。這樣一來，小組內的夥伴便可以很快地比較每一個原型的優缺點，進而找出最符合需求的設計。

那麼，作為自己的設計師，**「自己的原型」**又該是怎麼樣的呢？

製作自己的原型

在進到大學之前，我曾經參加了一個大學的建築營。那時候的我，對於建築一點概念都沒有，不知道到底在大學裡面，究竟建築只是學學設計建築外觀？還是需要懂非常多的法規跟規範？到底建築師是需要每天跑工地？還是需要了解非常複雜的結構力學以免自己的房子垮掉？

在充滿著這樣的疑惑底下，我參加了這個五天四夜的建築營。與一般營隊相仿，建築營同樣充滿了團康遊戲、表演、舞會，然而除此之外，也介紹了許多建築系真正在學習跟使用的東西。尤其在最後一天，每一個小隊都被發送了幾張瓦楞紙片，並且被要求根據我們所抽到的題目，來將其抽象化，再運用手中的瓦楞紙片進行切割、重新組合，表達出所抽到的題目意象。

等我們拿到瓦楞紙的時候，已經是營隊倒數第二天的晚上，而那時候的學長姐講了一句話，讓我至今仍然印象深刻：「明天早上我們要驗收各位的成品。也就是說，從現在開始到明天早上都是你們的作業時間。」看見我們狐疑的眼神，他不忘補上最重要的這句話：「你們應該是沒時間睡覺了啦，你們知道嗎？若是你們希望考進來建築系，那麼熬夜是基本配備，你們最好早點習慣這件事情。」

沒時間睡覺！這讓原本想要讀建築系的我有些退卻。雖然我很喜歡設計、也很喜歡工作，但是每次一熬夜我的身體就會發出警訊，讓我非常不舒服。一

「CAC 創意行動影響力聯盟」第二次聚會，這裡面有《小人物雜誌》的創辦人孫大翔、「展賦教育文創」的創辦人趙介亭、「禮物公民創辦人」高瑋呈和其他參與公益事務的青年們。

想到要是念了建築，就可能得過著每天熬夜的生活，甚至會一路延伸到未來建築師的生活，我便感到有些害怕。

老實說，這個營隊總共有五天，但經過了十年讓我仍然記得的就是這段往事。倒不是我只覺得他們殘忍，而是我很欽佩主辦單位透過營隊，把這一個行業或是科系真實會遇到的事情呈現在我們的眼前。這才能提供我們一個正確的資訊來判斷，自己是不是適合這樣的科系或是職業。

這幾年來，我一直覺得這是一個非常棒的生涯原型。**抽象化、設計固然都是建築師這個職業的一部份，然而熬夜也是。**

若是建築師的生活本來就包含了大量的熬夜，但我無法接受未來得有很長的一段時間得過這樣的生活，那麼透過這個「原型」便可以快速地幫助我做出抉擇，決定這不會成為我的生涯選項。

那麼，在面對幾個不一樣的生涯選擇時，我們該如何找到最適合自己的選項？最直接的方法，是用盡量短但完整的過程，親身體驗一下每一個選擇實際上的生活型態是什麼樣子。在體驗中也要打開感官，運用第一階段「自覺」的技巧，觀察自己在不同的選項裡，感受到了什麼樣的情緒、接受到了什麼樣的資訊、自己為什麼喜歡，又為什麼排斥？

我有一位對教育有極大熱情的朋友Adler，曾經多次想要組織一個團隊，共同推動一個教育的理想，卻也多次無疾而終。每一次的團隊組織跟建立，他都能夠描繪出一個理想的藍圖，但等到與眾人討論之後，卻又發現這個藍圖不夠好，於是回頭重新建立背後的教育理論連結。就這樣週而復始，他前前後後試圖建立四、五次組織，卻總是卡在自己無法持續把組織營運起來。為什麼會這樣？我們幾個朋友也曾經與他一起討論過這個問題，在討論的過程中他慢慢發現，自己其實是屬於研究型的人才，適合研究不同理論的優劣，並且持續廣博地吸收更多新的可能。要他從中間定下一個方向實際執行，其實是痛苦的，也是他內心排斥卻不自知的。

然而若是沒有經過一次次的嘗試建立組織這樣的「原型嘗試」，他可能也不會意識到自己其實喜歡研究更勝於組織眾人。現在的他，已經下定決定要專心往研究領域進攻，希望可以找出更多理論上的突破。

創致工作室，成立！

那麼，對我自己而言，我的生涯原型又該是怎麼樣的呢？

二〇一二年九月，我結束了義務役役期的軍旅生涯，進入一間玻璃公司做行銷企劃。工作內容並不複雜，主管和同事人也很不錯，但不知怎麼就是覺得自己在工作上找不到熱情，每天過著朝九晚五的生活，心理卻有種不踏實的感覺。於是，我開始在下班後的時間，透過臉書搜尋在台北的青年創新相關社團，想要重新找回當初大學時代的熱情。一搜尋下去，才發現原來台北早就有許多人在做青年創新相關的組織，有跟教育有關、也有跟環保有關的，每一個組織都各有特色，也有吸引人的理想跟信念，這讓本來覺得生活已經開始沉悶無聊的我，有種在沙漠中找到綠洲的驚喜。在與其中一位創辦人聊天的過程中，一個瘋狂的點子頓時竄進我們心中，若是我們能夠串連這些在不同組織努力的朋友，讓他們彼此能夠有一些交流，那會發生什麼事情呢？

在不同朋友的協助下，二〇一三年一月，一個臉書上的雲端聯盟「CAC創意行動影響力聯盟」於焉成立。我們寫了簡單的邀請語，寄發給各個青年組織的創辦人，邀請他們加入這個網路上的社團，讓大家有機會交流彼此的資源，甚至促成一些合作的可能。漸漸的，在上班之餘，剩下的時間都投入了這個聯盟的組織與活動，開始辦一些交流和見面會，甚至是小型的講座。

與此同時，我也與正在上海工作的老拍檔瑄明取得了聯繫，定期透過網路交換著彼此的想法跟對於創誌計畫的未來想像。

那時，瑄明結束了接近一年的國中代課老師工作，到了上海從事機械相關產業，但他的心中卻發現自己對於教育的熱情越燒越烈。每當我們透過網路通訊軟體跨海通話，他總會興奮地告訴我這一週他又想到了什麼教育新點子，我們也構思著，若是有一天創誌能夠捲土重來，會用什麼樣的形式運作，讓「創意的態度」可以為更多人所擁有。

這樣的生活過了大概三個月，我開始發現我漸漸無法專心在工作上，滿腦子都在想著下班後的事情，而身體也因為工作上需要久坐跟使用電腦，開始出現了一些狀況，辭職的念頭便油然而生。

「若是，創誌是份全職工作的話，那會是什麼樣的？」

沒有做過怎麼會知道到底會是怎麼樣的？把想法透過快速的執行去驗證，不正是原型精神的展現嗎？抱著這樣的信念，以及繼續推廣「創意的態度」的熱情，二〇一三年五月，我與瑄明辭去了工作，共同成立了「創致工作室」。

在朋友的介紹下，我們很幸運地認識了「卡市達創業加油站」的Vicki老師，她在聽過我們的想法之後，邀請我們進駐了她的共同工作空間，我們便以此為始，不顧一切地投入了創業的冒險之旅。

雖說是創業，但我們兩個人對於創業可以說是一點概念也沒有，只拿著一些微薄的存款，與一些些大學時代累積的經驗，就懵懵懂懂地規劃起創業的藍圖。我們每天往返位於西門町的工作地點，在陰雨綿綿的梅雨季共享一張工作桌。那時我們的辦公桌靠窗，對面就是西門町最熱鬧的電影街。電影聲、人聲、車聲雖吵，但我們絲毫不以為意，對於這件事情的熱情驅動著我們不停地討論，該怎麼把「創意的態度」設計成實際可行的方案。

經過大學的雜誌和電影的試煉，我們發現若是真的要讓一個人感受到什麼叫做「創意的態度」，親身體驗跟行動可能是最有效的辦法。那麼該怎麼讓人願意去做這樣的體驗和行動呢？為此，我們花了三個月把這個概念化成一堂堂的體驗課程，開始了不同的原型測試。先是「萬榮國中創意夏令營」、「偏見：

體驗遊戲」、「東吳大學樸克思社社團課程」還有一個因為颱風胎死腹中的「創中學電影營」。

在這些大大小小的原型課程當中，我們開始對於「**創意的態度課程**」這件事情有了基本的認識。也在這個時間點，因為一位好友的介紹，我們有了一個進入我們母校——成功大學——開設課程的機會。雖然不是正式的課程，只是課後提供給學生一個學習創意和實踐的領導力培訓班，但有這樣的機會仍讓我們興奮極了！我們抱著小小的私心，把這個領導力培訓班取名為「創致工作坊」，取「創致」其實是運用「創」意以「致」目標的意思，開啟了這個非常不一樣的工作坊。

話說回來，成功大學遠在台南，該怎麼經營這樣子的課程？好巧不巧，在一個活動中我們結識了一位非常能幹的學弟「育昇」，他對教育不僅有很大的熱情，也想要更了解創致工作室到底在做什麼事情。有這樣的機會，我們當然要好好把握，便順水推舟地邀請他擔任台南「創致工作坊」的第一屆執行長。

在他的協助之下，第一次舉辦的創致工作坊就吸引了66名學生填表報名，最後透過面試篩選出24名，開始了為期一學期的工作坊。每週四，我們就會搭乘客運下台南上課，在台南過一夜之後，星期五再回到台北。

因為開始運行「創致工作坊」的關係，我們開始意識到「帶領學生相信自己能做得到，並且鼓勵他們從手邊能做的事情開始做起」，是讓他們開始踏上探索自我之路一個很不錯的方式。怎麼說呢？當學生真的要開始動手做一個自己想出來的計劃時，他們得用上各種方法來找尋資源，把自己所有會的能力都擠出來，也把自己能夠用上的人脈用出來，就有如創業一樣。

在這樣的情境底下，不僅潛能會被開發出來，也是對於自己狀態的一個總盤點。許多人會在這樣的狀態中開始發現，**自己其實跟自己認知的自己不一樣**，「原來我對這件事情並不感興趣，我感興趣的是這件事情中交朋友的那個部分」像這類的認知會在這樣的行動中慢慢地被挖掘出來。

又或是「我以為這是一個問題，但等到我到了現場，才發現這個問題根本就不存在。」這會讓學生開始對真實社會有了一個實際的認知，也會去除掉自己常常有的先入為主的偏見。

自我探索 × 社會創新

從二〇一三年起，創致工作坊一連辦了四屆，每一屆雖然內容有些許調整，但是大方向都一樣：為期一學期的課程、參加的學員每個人都需要組隊完成一個社會創新專案。

我和瑄明並非教育相關科系出身，雖然各自有一些在社團中教學的經驗，瑄明還加上在國中兼課的經驗，但是帶大學生上課？這倒真的是頭一遭。話說回來，或許也是因為沒有被傳統的教育理念綁住，我們對於一個好的課程該長什麼樣子，有屬於自己的想像和期待。每一次的課程開發，幾乎都會融合了活動、遊戲、反思、知識、實作，希望突破傳統課程的框架，讓參與的學員看見學習不同的可能性。

台南第三屆「創致工作坊」學員與工作人員，許多的夥伴後來都陸續參與或發起了不同的社會創新活動，把創致的精神在自己的生活中延續下去。每每聽到他們的故事，就會替他們感到高興。圖中第一排最左邊那位就是一直陪著創致的「海龜」大哥。

舉例來說，我們在整個工作坊的前幾堂課中，會安排一堂課叫做「**小旅行**」，主要希望學員在進入專案實作以前，先了解該如何同理他人，才有機會找到問題的核心。小旅行的一開始，在簡單說明之後，所有的學員會被分配到不同的角色，好比說老人、小孩、外國人、古代人等等，然後到指定的區域進行探索。這時，學員就必須要從被分配到的角色的眼光去看這個世界。比如：一個外國人眼中的孔廟會是什麼樣子的？一個古代人又會在西門町發現什麼？當學員回來與其他學員討論時，有趣的觀點碰撞便隨之展開。在討論過後，我們就會切入解釋關於「**使**

用者觀點」與「**換位思考**」的相關概念，讓學員可以把從活動中感受到的觀點差異變成觀念建立。

但課程當然不是到此就結束了，除了表面的觀點以外，影響人們觀點最重要的其實來自於自我的價值觀。所以我們會要求學員帶著相機或手機，在指定的區域中，拍下一張自己覺得最有價值的照片，回來和夥伴分享。透過照片作為媒介，每個人大多能侃侃談來自己重視的價值，以及為什麼這張照片會觸動他，讓他拍下成為代表自己價值觀的照片。

還記得有一次的課程分享時，有一位學員拍了一張麵店的照片。原本夥伴們都以為這位學員想要表達溫暖的感覺，沒想到她說：「我其實是因為走到街角轉彎的時候，突然發現一間麵店赫然出現在眼前，這讓我感到很驚奇。而驚奇就是我自己喜歡也想要傳達給別人的感覺。」這個答案讓每個人跌破眼鏡，卻也認知到每個人的觀點和思考模式都有所不同，如何同理對方的感受變成了重要的課題。

在師大附中國中部，我們是教育部「未來想像與創意人才培育計畫」底下的課程，用社團的方式在運作。參與的國中學生投入程度超乎想像，但也讓我們相當開心。

因此，在這個活動的尾聲，所有的學員就需要兩人一組，從對方的照片作為起點，訪問對方：「你為什麼拍了這張照片？背後有什麼故事嗎？為什麼是這個而不是那個？」並且在不互相溝通的情況下，與對方互換身分，猜測若是自己是對方的話，會想要做出一個什麼樣的社會創新專案。是志工系統？還是社會企業？是待用課程？還是老人送餐服務？

緊接著就是這個活動的最精采的部份！每個學員必須要輪番上台，從對方的角色來發言，猜測對方會想要做出什麼樣的專案。然後被扮演的角色就會根據自己真正的想法來評斷究竟對方的猜測是否正確，或者是在什麼地方有了偏差。當結果出爐，許多學員露出驚訝的表情，「我以為對方應該是這樣想，沒想到跟我想的不一樣！」又或是「對方好像真的很了解我！這就是我會想做的事情！」

在這樣的課程裡，對於「同理心」、「價值觀」和「換位思考」這種抽象的概念，學員透過實際的活動體驗和主動參與式的討論，有了具體而深入的體會。不僅擺脫傳統上課單向灌輸知識的型態，老師和學生的角色也有所調整。我們做的不若傳統的課堂「教導」，反而更像是「引導」；學員的學習也從傳統的「記憶和理解」，轉換成「實際體驗和思考」，這樣的轉變正是我們所希望看見的。

改變，或者被改變

許多人都相當好奇，這樣的課程到底會產出什麼樣的結果？由於每個參與工作坊的學員們都必須要選擇一個社會問題或生活問題作為主題，在一個學期的時間內與夥伴組隊，一起想出有用的解方並且實際行動，所以大多數的學員都會在課程將近結束的時候辦一場活動、快閃行動，甚至是某個實際的裝置，來解決他們所看見的問題。

舉例而言，有一組同學觀察到每個大學生總是會在購買外食的時候使用到塑膠袋。這些塑膠袋往往用不到幾分鐘就被丟棄，造成很大的環境負擔和浪費。那麼，該如何減少塑膠袋的使用？「很潮的環保袋」是他們的第一個點子，「若是拿環保袋本身是一件很時尚、很流行的事情，大家就會減少塑膠袋的使用。」抱著這樣的想法，他們對成大和首府大學的同學們做了問卷，沒想到問卷的結果讓他們嚇了一大跳！因為幾乎沒有人喜歡環保袋的點子，反而輕便便宜的塑膠袋仍然是大家的最愛。

這下子該怎麼辦呢？經過了好幾個星期的腦力激盪，他們決定換一個方向，既然塑膠袋大家都愛，那麼就多用幾遍吧！於是，他們在宿舍設置了名為「環保值星官」的塑膠袋回收站，讓住在宿舍的學生買飯回來的時候，便可以把乾淨的塑膠袋掛在上面，方便下一個要出門買飯的同學直接拿取。沒過多久，這個回收站上面就掛滿塑膠袋，小組的同學也實地去訪談了住宿的學生，發現的確有一些同學會使用這個回收站，減少塑膠袋的使用量。

這樣的一個小小的行動改變，便是創致工作坊希望看見的成果。學生挑一個他們自己感興趣的議題，從此著手把自己的創意融入其中，找到一個能夠解決的辦法然後實踐，這當中就會獲得許多寶貴的學習，也會體驗到什麼是「創意的態度」。相似的例子還有針對高中生升學困惑而舉辦的「模擬人生」活動、強化夜市垃圾桶標示的「夜市人生」等等。

看起來我們似乎做了一個不錯的原型測試，是嗎？

身為一名創業家，「原型」應該是「**一個良好的獲利模式**」。創致工作坊雖然有些效果出來，但是在其上耗費的精力和時間完全無法養活我跟瑄明兩個人，甚至在可預期的未來裡，也很難真的成為一個穩定的獲利模式。創業最重要的事情不是把自己的名聲弄得多響亮、或是認識多少人，而是自己的產品到底能不能賺錢？這個「業」到底能不能夠生存下去？初出茅廬的我們不懂得這個道理，甚至對這種帶有強烈教育性質的課程該不該賺錢這件事情仍抱持著很大的懷疑。

二〇一三年底，當初準備的微薄儲蓄已經燒得差不多了，卻還沒能找到一個獲利模式，甚至沒有專屬於我們自己品牌的課程或產品推出。不得已，只能把創致工作室的經營轉成兼職，另外找了一份工作來維持生計。然而這還不是最慘的，接踵而來的不同困境開始慢慢發酵，讓我們不得不悲觀地思考，這件事情到底會怎麼走下去？

二〇一四年二月，我們到了師大附中國中部開始進行為期一年的「未來想像與創意人才培育計畫」社團課程。

我還記得第一天上課的時候，是由瑄明主講，我站在後方觀課。當瑄明一站在國中的講台，自信與熱情立刻充滿了他的全身，與在大學上課的狀態完全不同。看著他在台上發揮自如的樣子，內心突然有種很複雜的情緒。一方面覺得做這件事情的確很值得，一方面也觀察到自己對於國中這個階段的孩子始終有一種距離感和不知所措。

也從那時候開始，我開始發現，原來我想要去的方向跟瑄明想要去的方向是不一樣的。

那一年，我們做的教育夢

「當你躺在床上不想起來，覺得一切都沒救了，驚慌失措手足無措，對於自己面對的難題完全不知道該怎麼辦，那才叫做谷底。而**離開谷底的方法，也就只有當你認知到，如果你自己不努力做點什麼的話，這一切都不會有所改變的**，那才會進入到下一個階段。」

這是我們在二〇一四年暑假，即將離開卡市達創業加油站時，Vicki 在與我們對談時給我們的一句話。

在那個時間點，創致工作室雖然零星地接了些許案子，但是一直不穩定，無法養活我們兩個人是不爭的事實。更糟糕的是，我與瑄明對於創致該如何走下去的歧見越來越深。

那段時間過得特別的痛苦，我們常常為了到底創致該往哪邊發展爭的面紅耳赤，也吵了無數次的架，另一方面，原本的兼職工作結束，收入日漸拮据，我自己的存款一度被提領到只剩一百多塊，在那樣的日子裡，「每天躺在床上不想起來，覺得一切都沒救了」可以說是最好的寫照。

還記得在暑假的尾聲，我們不知道怎麼邊走邊聊走到了二二八和平公園，兩個人坐在公園的溜滑梯上，突然一陣靜默無語，「我會離開創致，去考教師證照，我知道那是我要的。我只想要好好當一個老師，不想要管太多組織和經營的事情。」瑄明這樣子對我說著。

「我支持你，我也覺得那才是適合你的工作。」對他的話語我沒有太多的驚訝，我卻對自己竟然幾乎不經思索地就吐出這樣子的回應感到驚訝。也許是早已感受到他在共同創業時感到的痛苦和掙扎吧，若說創致的目的本來就是希望可以幫助青年探索自己喜歡的事情，並且驅使其去行動，那麼自己的夥伴不也應該如此嗎？

創致工作室的兩人創業旅程就在這樣的對話中畫下了句點。「那你呢？你打算怎麼辦？」瑄明這樣問，我的腦袋只有一片混亂。過去所想的方式都被否定，正在進行的方式又無法長久，那麼到底我要的是什麼？我這樣問著自己，但是始終問不出答案。

「既然問不出答案，那就別問了吧。」

又過了一個月，始終找不出到底自己想要什麼方向的我，得到了這樣的結論。我很清楚自己的熱情是在設計與規劃，對於教育有興趣，但對於一時衝動成立的這個「創致工作室」該往哪裡去，卻始終沒有一個明確的方向。許多學生在後來聽到我談述這一段經歷，都會很好奇的說：「難道你沒有想過放棄，回去找一份工作嗎？」

老實說，這樣的想法當然有，看見身旁的朋友一個個成家立業，甚至都有小孩了，自己也多少有些為自己的生活困窘感到臉紅。我不只一次想過若是這一切都結束，我回去該找什麼樣的工作，可以轉換到哪些跑道。

有趣的是，在這個時候讓我深思的，也是瑄明曾說過的一句話：「你不覺得有的時候，放棄比堅持還要更困難些嗎？」是啊！雖然說人生每一段旅程都有其意義，也有許多朋友放棄了很多自己曾經的選擇只為了邁向自己更嚮往的路，然而我現在路就是自己所嚮往的啊！有什麼樣的理由在我還能生存下去的時候需要放棄這樣的發展？我想不太出來。所以我告訴自己「就看看我可以撐到什麼時候吧！現在還不是最糟的時刻。」

但是該怎麼做呢？在暫時沒有答案之下，我接受了海龜大哥的邀請，回到台南繼續辦理創致工作坊，僅靠著之前兼職換來的微薄儲蓄度日，心裡想著「也許邊辦工作坊可以邊想想看之後該怎麼做吧。」有時候對於擁有太多想法的人來說，行動往往是最快驗證的方式。

2-5 在社會裡探險：社會探險隊

對於創致工作室來說，由於一直沒有確立獲利模式，所有的資金都來自於合作的學校單位的支援。而學校單位的合作計畫又都是短期的，創致工作室隨時都面臨結束的危機。在這樣的情況下，我從二〇一五年一開始，便開始思考，是時候趕緊把創致的方案送進「測試」階段。

「**測試**」是設計思考的最後一個概念。在此特別強調是「概念」而非「步驟」，是因為往往在測試的階段，若是結果不理想，或是與預期有所落差，就會回到「想像」和「問題定義」的步驟，重新探究其他可能性。以往設計師在設計一項產品時，往往都是花了大量的時間研究、計畫、設計，最後一直到上到貨架上了才大量地接觸使用者。這樣的問題是，要是使用者根本就不喜歡你的產品怎麼辦？那麼前面大量的生產和研發成本不就白白浪費了？

因此，設計思考很強調測試的重要性，真實的使用者測試與回饋，會讓設計師知道到底什麼產品才是使用者需要的，並且透過快速地修正來讓產品趨近最終的模樣。雖然創致工作室已經有許多不同的產品原型，然而以未來希望往企業邁進的目標來說，這些原型一個都沒有直接「上架」過。換句話說，覺得我們在做的事情有價值的，都還只是學校單位或是社團機構，我完全無法得知這樣的工作坊若是放到市面上會不會有消費者買單。

既然不知道，那麼就測試吧！秉持著早點跌倒早點成功的「測試精神」，我開始籌劃把這樣的一套課程包裝成遊戲的方式，直接販售到青年的手上，讓有需求和有興趣的青年，不一定要透過學校機構，而是可以直接向創致工作室「購買」這樣的遊戲，這樣創致才有永續經營的可能性。

好巧不巧，在一個偶然的機會下，我認識了正在台北做使用者體驗設計的「亞軒」，她同時也是一名社區規劃師。聽見我有這樣的想法，她非常興奮，經過幾番討論，我們決定在二〇一五年的暑假，推出國內首見的**「社會創新實境遊戲」：社會探險隊**。

社會探險隊為期七天，是一個不過夜、不供餐的遊戲型營隊。參與的玩家會以台北市為故事背景，根據事先佈下的線索來解開遊戲任務，最終產出一個

社會探險隊的隊員們正在解冒險任務，憑著我們給他們的線索，他們需要在台北市的各個關卡去找尋隱藏的祕密，同時完成社會創新的觀察任務。

簡單的社會創新方案，並且做出原型、蒐集使用者回饋。與一般的營隊不同，這個營隊是非常「開放式」的，沒有固定的行程，而是跟隨著玩家的遊戲進度來決定！

營隊也邀請了很多位重量級的講師，來與學員分享社會創新的概念。雖然報名的人數比預期的略少，但第一次的測試效果非常不錯！不僅參與的玩家都覺得很開心、有很多收穫，在營收上以第一次來說也有不錯的表現。

測試的目標

在管理學人柯林斯（Jim Collins）的名著《從A到A+》（Good to Great）這本書當中，曾經提到一個「三個圓圈」的概念，在談論企業的獲利模式目標。作者認為，一個能夠永續經營的企業，最好能夠在企業的熱情、企業的專長、和市場需求三件事情當中取得交集，而交集點被稱之為「甜蜜點」，也是企業獲利的關鍵所在。

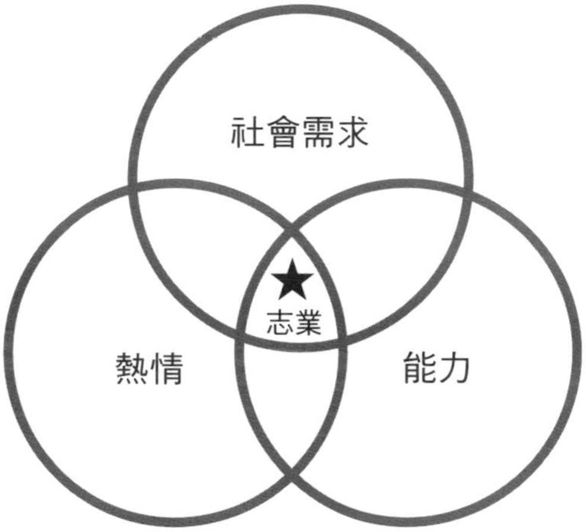

以社會探險隊這個案子來說，遊戲和故事的設計來自於我和亞軒的熱情，專長則出現在社會設計這個領域上。我們因此結合這兩者做出了「以社會創新為主題的實境遊戲」想要看看社會是不是有這樣的需求。無庸置疑使用者的買單是需求的最佳驗證，但當我們訪談來參與的玩家，發現大部分共通的需求出現在「想要參與一個不一樣的營隊」，而這樣的組合正滿足了這個需求。

無獨有偶的是，在個人的生涯探索上面，也可以運用這樣的「三個圓圈」來詮釋。當一個人在探索自己的志業時，可以試著從自身的熱情、自身的能力和社會的需求當中取得交集，當一個人找到在交集點當中的工作，一份既有熱情、自己也有能力做好，同時也被社會所需要的工作，那可說是一份理想的工作了。

作為自己的設計師，在「測試」的階段，除了自身的感受以外，自己理想的工作是否落在「三個圓圈」的交集當中，也是一個很不錯的評估方式。我們喜歡稱這個交集點為「志業」而非「職業」。為什麼呢？當一個人今天發揮他的能力，到有需要的地方做志工，也許受他所影響的人們給予他一個溫暖的感謝，或是，就代表他做的事情能夠滿足一部份的社會需求，因而得到了「感謝」作為回饋。那麼「志工」雖然不是一個職業（如果以是否給薪判斷），卻仍然算是一個理想的工作。

不過值得注意的是，這三個領域的大小從來就不是固定的。**熱情會變動、能力會變動，就連社會的需求也是隨時都在變動**。但是熱情變動的頻率不高，能力的變動是領域會變大（能力是會累積的，但根據用進廢退的原理，也是有可能有些能力隨著練習的頻率變低而慢慢變弱。許多需要技巧性的藝術行業便是如此），只有社會的需求是不僅會因地而異，也會因時而異。現在流行的產業，也許過了幾年後就再也不需要了。這時候，如何快速地應變、快速的修正我們自己，來讓自己持續成為自己喜歡、也符合社會需求的樣子，就變成一件重要的事情。

對於設計自己來說，我們因為能夠為他人貢獻、創造價值，因而能夠擁有工作。雇主或是社會透過金錢或其他有價值的事物來換取我們所創造或發揮的價值，這就是一種社會需求。

測試的困境

在行為決策理論中，有一個概念稱為「**沉沒成本謬誤**」（Sunk Cost Fallacy），意思就是說當我們發現自己的選擇其實是不好的，我們往往會因為這個選擇已經投入許多成本，而決定繼續把這個選擇所帶來的所有成本負擔完。舉例來說，我們去看電影不小心看到一部爛片，雖然知道再演下去也不會變得更好看，但是我們還是會乖乖坐著把電影看完。為什麼？因為內心會覺得票都已經買下去了，不看完很浪費。

在測試生活原型的時候，也常常會落入這樣的困境。舉例來說，許多大學生在高中選填科系的時候根本就不知道每個科系到底在念什麼，所以往往只根據大家的傳言來做選擇。等到真的念了那個科系，發現自己其實並不喜歡，未來也不想從事任何相關的工作時，往往已經是大二快大三的年紀。這時候到底該選擇轉系？重考？還是休學？絕大多數的人都會選擇繼續把它念完，只因為「都已經念兩年了，不繼續念完很可惜。」但若是繼續念很痛苦，為什麼不把剩下的兩年拿去讀自己真正感興趣的東西？或是轉到自己真正感興趣的科系？反而選擇了留在原本錯誤的選擇當中，耗費更多的成本？

除了沉沒成本謬誤以外，不願踏入測試階段也是常見的困境。很多人在大學階段、或是大學畢業，在不同的社團、領域遊走，或是頻繁地換工作。

他們有很棒的理由：「沒有多看看，怎麼會知道自己要的到底是什麼？」的確，在原型階段的時候，多嘗試是件好事。但從設計產品的角度來說，一個產品到了原型的階段，其實也就已經排入了開發時程。一旦進入了開發時程，就不能隨性地說延遲就延遲，而需要盡量地靠緊時程，以控制開發成本。**當原型溝通到了一定的程度，就應該要變成真正的產品推到市場上測試**，根據市場的反應儘快地調整跟修正。

以社會探險隊這個活動為例，在規劃社會探險隊時，一直到宣傳前，我們對於要執行的方案都還是有所歧異，然而當宣傳時程一到，也還是得把宣傳內容推出去，才有機會趕在預定的時程把活動執行出來。並且在執行的時候，隨時關注參與者的反應，調整活動的行程與內容，讓活動能夠更趨近參與者的需求。

當被設計的對象換成自己的時候，也是一樣的道理。我們總不可能每天都在換工作，只因為在「試試看這是不是我要的生活」。**就算是興趣再多，沒有一個興趣真的投入研究到一定程度，也很難取得具體的成績，為自己所用**。比較好的作法是，給自己定一個時程，在時程裡面盡量地測試，但是時間到了就一定要把自己推到某一個位子上，用認真的態度去面對真正的挑戰。

許多人總是會擔心的問我說：「我還有很多領域沒有嘗試過，會不會我現在決定了這個方向，之後就不喜歡了？那該怎麼辦？」說到底，人並不是一個產品，不像產品只要一經生產之後就無法更動；反之，人是一個動態的、隨時可以有變化的有機個體。

換句話說，在不同的階段都可以有一個理想的自己存在。理想的25歲，理想的30歲，讓每一個階段的自己，都是我們摸索出來想要成為的樣子。這些樣子一樣也好、不一樣也好，重點是身為「使用者」的自己，是不是喜歡現在的生活，並且有意識地持續探索跟嘗試靠近自己理想的生活樣態。

我從大學開始計畫到創業之後，最大的體悟就是，「沒有絕對的答案」這件事。這就和「你想成為什麼樣的人」這個問題一樣，每一個年紀都會有不同的體悟，也就會有不同的答案。

測試不是結束，只是開始

在社會探險隊的最後一天，我們與參與的隊員坐在活動場地「來坐夥」的吧檯前，聊著大家參與完營隊的感想、聊著大家的生活、聊著一些校園瑣事。看著每個人敞開心胸分享自己的景象，心中不禁湧上一種踏實的感覺。「社會探險隊」可以說是創致工作室第一次對外辦理的收費營隊，對於創致來說，是經歷了各種原型測試後第一個「上架」的產品。縱使還有很多有待改進的地方，卻代表著一個正式的開始。

對我自己個人而言，這場活動也是我自己理想生活的體現：自己創業養活自己，並且創的業要能夠對社會有所貢獻或幫助。經過了兩年半的構思與原型試驗，終於透過「社會探險隊」開始了一個新的篇章。

讓產品拿到使用者的手上測試，不僅能夠知道使用者的想法，同時也加快了開發的流程。知名網路服務「噗浪」的創辦人曾經來成功大學演講，便提到過他們的服務是怎麼做成的：一開始的時候，（他們）只有一個簡單的概念，就把概念快速地寫成可以使用的網站丟到網路上，邀請自己的家人朋友們進行內部測試，然後請他們回饋意見，根據這些意見，他們快速地修正這個服務，直到這些朋友都覺得滿意了，他們才慢慢開始擴大規模，讓這樣的服務能夠觸及到更多的網友。

在網路世代，商品被研發的速度越來越快，尤其像是網路程式或者是網路服務，早期一個產品需要經過設計、打樣、開模、生產這樣的工廠型生產模式已經不能套用在網路世代的行業中。網路世代，追求的是快速反應、快速修正。透過這樣的方式，商品隨時保持在一個可更新、可變化的狀態，一直到符合了大多數理想客群的需求，才慢慢趨緩其變化的速度。但就算是趨緩，每隔幾個月都還是會推出更新，好應付不同的硬體變化以及網路生態的新需求。

設計自己也是一樣。當我們的原型已經跟自己溝通完成，覺得自己真的對某個生活型態產生了興趣，那麼最後一步，就是讓自己真實的去體驗這樣的生活，去過這樣的生活。然後針對所遇到的問題快速的修正、快速的反應。而那些修正、那些反應，都是生活真正的滋味。

我很喜歡作家小野講過的一句話：「**就算選錯，人生也不會因此毀了。**」人的一生會花很多時間在探索自己到底要什麼，自己到底希望走什麼路。而我們常常忽略的是，這個探索的過程是一輩子的！連正在寫這本書的我，就算外表看起來好像已經很清楚自己要什麼，實際上還是持續在探尋更多生命的可能性和經歷。

我大學的室友也有過這樣的一個例子：他曾經花了不只一年的時間告訴我們，他畢業後已經決定好要從事房仲工作。他覺得，房仲這一個職業真的是針對他所設計的，不僅很適合他能言善道的特質，他也願意為了這樣的工作付出熱情和努力，最重要的是又可以快速地累積財富，這可以讓他的家人過上更好的生活。

聽到的當下，我們這些朋友都很替他高興，也鼓勵他去嘗試。然而，當他真的進入了房仲業，卻發現事實跟他當初想像的有很大的出入。雖然許多當初所想像的都達成了，卻出現了許多業界內的習慣跟工作模式是他沒有辦法適應的，這讓他陷入了苦思。於是半年之後，他毅然決然地離開了這份工作，並且引以為鑑，持續找尋適合自己的工作。

那半年，就可以說是他的職業原型的「測試」。在剛出社會的時候，其實許多人常常都會擔心一份工作做不久，會被稱作是軟弱的「草莓族」，所以就算工作條件再差，或是自己很不喜歡，也都會勉強自己待下去。

然而，在待下去之前，不妨先想想，到底是哪一個點讓自己無法繼續待下去？是待遇？還是工作環境？是自己能力不夠？還是上級的要求太過苛刻？最重要的，這樣的工作生活真的是自己想要的嗎？

踏上屬於你的英雄旅程

喬瑟夫·坎柏（Joseph Campbell）在名著《千面英雄》（The Hero with A Thousand Faces）之中談到了「**英雄之旅**」的概念，大意是在說其實很多童話

英雄之旅的歷程

※ 參考自作家 Matthew Winkler 於 TED-ED 的演講影片，影片可見：

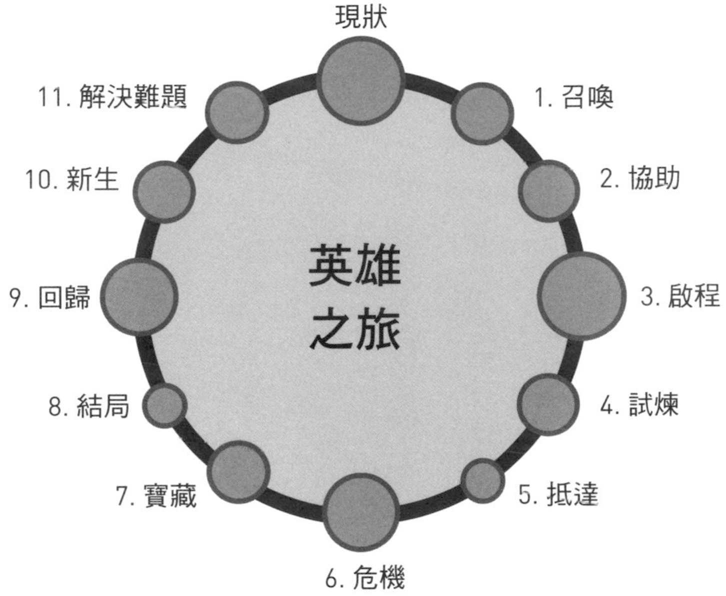

都有一個相似的故事原型，而這個故事原型其實與我們的真實生活有極其相似的地方。那通常會經過召喚、引導、進入探險、危機、轉機、重生、復歸等等階段，並且不停地重複循環。他把這樣的旅程稱之為「英雄之旅」。我第一次知道這個概念是在一次 CAC 聯盟的聚會，「青年氣候聯盟」創辦人張良依在分享的最後播了這部影片給大家。那時的影片還沒配上中文字幕，於是他便在旁即時翻譯內容給大家聽。

在那個當下創致工作室尚未成立，因此雖然看過但還沒有那麼大的感受。

等到自己真的一頭栽下去創業，才深深覺得創業的旅程與英雄之旅是何其的相像！當我們被某個召喚啟動，開始屬於自己的英雄之旅，就會碰到很多無名的、有名的劫難，而我們就是那個需要突破萬難的英雄，在斬殺各種小怪、大怪、魔王之後，終於回到人間，成為一個更好的人。

我曾經在一個課堂上擔任助教，那堂課的講師引導了學生畫出他們理想的生活樣貌，而有一個學生畫了一個幸福的家庭，在家庭裡面畫了一個爸爸一個媽媽還有一個小孩子。當我們請他分享的時候，我們原本以為他會告訴大家他就是那一個媽媽，而他希望能夠組成一個家庭，卻沒想到，他告訴大家的是，他從小父母就離異，所以他從來就沒有擁有過完整的家庭，而這件事情成為了他一生的中的遺憾。

許多人的出身是無法選擇的，很多時候「設計自己」這樣的概念並無法被所有人所接受，畢竟，為**了達到理想的自己，有極大的可能會與自己的家人、情人甚至是子女的立場有所衝突**。當這樣的衝突發生時，你會選擇堅持做自己？

或是以親情優先？這是一個無解的問題，而每個人都有屬於自己的看法。

這些也像是英雄之旅中的劫難，也許你會揮舞手上的利刃砍斷這些糾纏的荊棘，也許你會盡量避開好讓自己不會受到傷害。但無論如何，至少你要理解自己是往什麼樣的方向前進，那怕是最後無法屠龍，也是個闖過一回的英雄！

在創業之初，我的夥伴瑄明也曾經歷過這樣的過程：他的父親長期在大陸上海經商，有一個穩定的工廠事業，所以自然而然會期待瑄明在畢業之後繼承這樣的事業。然而瑄明對於這個機會始終不感興趣，因為他知道他自己最有熱情的是教育。於是在服完教育替代役之後，他特別多留了半年擔任學校的代課老師，想要趁去大陸工作之前，先用這樣的方式圓自己的夢。誰知道這代課老師當下去不得了，雖然只是一個健康教育科的科任老師，但是當他站上講台，他感受到自己有能力在講台上發光發熱，對於孩子也自然而然地付出發自內心的關愛，那一刻他知道「這就是他要的！」

當半年的代課期間結束，瑄明開始到上海工作，縱使工作表現不錯，待遇也不差，然而卻始終無法讓他提起熱情。每當與他透過網路聯繫時，他總會透露出他的無奈和想要逃離的念頭。但這畢竟是父親的期望，他該如何在這父親的期望與自己的熱情之間取得平衡？

這正是當我向他提出共同創業的邀請時，他所苦惱的問題。縱然我想要幫助，卻無從幫助起，倒是他自己想了一個辦法。在不停的溝通和爭取之下，他終於和父親做了一個協議，他向父親說：「我已經做了你希望我做的工作，我也做了，我也真的覺得這不是我有熱情，也並非我想要的，所以我會用半年的時間把這個工作做一個結尾，讓我回台灣做自己想做的事吧！」

在不停的爭取下，父親終於點頭答應，瑄明才有機會在二〇一三年回到台灣來，與我一起開始創致工作室的創業之旅。像瑄明這樣的例子並不是特例，我身邊也認識許多創業家在創業之始遭到家人的反對。原因很多，但是不外乎希望孩子有一個穩定的工作。我並非無法理解他們的想法，畢竟創業的確是一個風險高又不穩定的選擇，常常有一頓沒一頓，壓力大更不用說，有時候連另一半都很難找，因為往往忙到連相處的時間也沒有。

但會選擇走上創業這條路的人，就像踏上英雄之旅的英雄，內心的召喚是那樣的強大，以至於不顧一切地跳入另一個世界。誰也不能保證到頭來會不會只是一場空，但那樣的旅程總是會創造出一個燦爛的人生篇章。

沒有環境？創造一個吧！

也許你會感到疑惑（但如果你讀到這邊才有這個問題也很奇妙）：「我難道不能一天過一天，每天逍遙自在的過日子嗎？或是只要乖乖地跟著社會的腳步走不就能過上還算可以的生活嗎？何必要每天思考自己到底要什麼，搞得自己痛苦又煩躁，本來不迷惘都迷惘了。」

想要過什麼樣的生活，是每個人的選擇。可是，你真的知道自己想要過什麼樣的生活嗎？你怎麼知道什麼樣的選擇才是好的？有一段來自哲學學人張美露（Ruth Chang）的 TED 演講，對這種「艱難的選擇」下了很棒的詮釋。她在演講中提到，艱難選擇之所以艱難，就是因為並沒有哪一個選擇比較「好」，而是「**不相上下**（On a par）」。因為這些艱難選擇比較的基準不像是數字或是重量，可以很明顯的比較出高低優劣，許多時候，我們需要創造出理由來幫助我們做出選擇，而這些被創造的理由和做出的決定，同時也定義了「**我們是誰**」。

設計自己的概念其實就與這個現象類似。當我們創造出一個我們理想的樣子的時候，我們也創造出了一個理由，這個理由會讓我們決定現在是要睡覺還是要讀書，現在是要考大學還是出來工作，我們能夠有一個基準讓我們來做出艱難選擇，只因為「**我想要成為我想成為的樣子**」。

這幾年在帶領課程的時候，不時會跟學員聊到他們身處的環境。常常會聽到這樣的回饋：「老師我真的很喜歡這樣的課程，因為當我在原本的班上時，常常會覺得寂寞，沒有什麼人可以聊這樣的話題、做這樣的事情，但是在這裡我可以很放鬆的做自己，把我的想法講出來！」

每每聽到類似的回饋，我都會備感欣慰，並且不自覺地回想當初的初衷。

在最開始，之所以想要辦那樣的雜誌、講那樣的議題，也是因為我覺得我身處的環境並不是一個創意友善的環境。什麼是創意友善的環境？簡單的來說，就是**讓創意會自然而然發生的環境**。

在那樣的環境當中，不管你做什麼新奇的事情都不會被視為奇怪，反而會受到鼓勵和讚揚。反之，創意不友善的環境，會對任何改變、新想法發起批判、質疑，並且害怕一切無法確認結果的事物。

但事實是，當時代的巨輪正在推進，又有什麼樣的事物一定能夠在事前就知道結果會是怎麼樣的呢？說實在話，創意不友善的環境並非只存在於我的大學，當我出了社會，才發現會有這樣的狀況其實是台灣僵固的教育體制產物。從小，我們的教育環境往往過分地強調「標準答案」，這讓探索和創意在現行的體制下變得格格不入，許多時候甚至用不同解法所解開的題目都會被批改為錯誤，只因為連方法都不是「標準答案」。若說我們期待在這樣體制底下訓練出來的學生，能夠在未來長大之後擁有極佳的創意能力，豈非強人所難？

遺憾的是，儘管我們致力於創造創意友善的環境，整體而言在台灣創意友善的環境仍然是稀少的，猶如沙漠中的綠洲，雖然這綠洲的面積正在緩慢地增加當中。在這樣子一個創意不友善的環境當中，要進行設計自己的工作並不是一件容易的事情。尤其在製作原型、測試的時候，往往會遭到許多質疑和冷水。有些時候，我們可以去尋找一些相對友善的環境，跟那邊的人當好朋友，讓自己有個社群支持的力量，好開始設計自己的工作。而有些時候，你所生活的環境沒有這樣的資源存在，那麼也許你可以考慮自己創造一個！

創造一個創意友善的環境很難嗎？一點也不，你可以從小型的聚會開始、或是讀書會、甚至單純地吃頓飯，鼓勵大家把自己想要成為的樣子說出來，互相給予支持和建議，並且彼此督促彼此往夢想的道路上前進。當每個人都友善地討論著每個人想要成為的樣子，不批評、不嘲笑，只是分享自己所知、所經歷，就能打造一個很棒的創意友善環境。

我曾經聽過一個有趣的聚會。聚會的成員每一年會有一次相聚的聚會，而每一次相聚每個人都要許下下一年的夢想計畫，並且檢討上一年是否確實執行了。在聚會中沒有任何處罰，也沒有任何的獎賞，只是單純的分享，有些人會準確的執行，當然也會有人一拖就是兩三年，然而一個參與其中的朋友就曾跟我提到，這個聚會給了他創業的動機和動力，因為僅僅只是看到其他人一步一步地往自己想要成為的樣子邁進，自己就會感受到壓力，進而開始思考自己到底想要做什麼、想要成為什麼樣子的人。

03

做什麼？

創意的關鍵態度就是行動

設計自己並不是做一次就結束的事情。隨著心智的成熟，人會越來越了解自己，對於自己想要成為的樣子也會越來越清晰。

有時候，當遇到不同的事件時，價值觀會產生改變，自然而然想要成為的樣子也會產生改變。

如果你完整地閱讀到這裡，那麼恭喜你，我們已經共同經歷了一場設計自己之旅。其實，除了前面所提到的課程和遊戲之外，創致也曾在教育、桌遊等不同領域有一些想法跟嘗試，最後這一個章節將會跟大家分享一下，說了這麼多，有哪些具體的作法？若是對「設計自己」這個概念有興趣的話可以從何下手？

教育設計 vs 設計教育

首先先來聊聊教育的部份。

設計思考其實說穿了，可以說是一種思考的邏輯和態度。而在這樣的邏輯底下，有許多相關的設計工具可供使用，當然每個人都可以根據這樣的邏輯發展適合自己和屬於自己的工具。從另外一個方面來說，被設計的對象也可以隨時更換，運用同樣的邏輯去思考和規劃。

在前面第二篇的部份，我們把設計的對象改換成了「自己」，而設計師也是「自己」，就能夠用設計思考的邏輯「自己設計自己」。同樣的，若是我們把設計的對象改成「教育」，而設計師是「老師」，那老師當然也能夠用設計思考的邏輯來「設計」教育，也就是「教育設計」。

創致工作室成立的時候，教育尚未成為我們的核心思想，只是想要透過課程的方式來推廣所謂的「創意的態度」。隨著對問題的探討越來越深入，我才發現原來我們在做的事情其實也是創新教育的一環。我們的課程不同於一般體制內課程單向傳輸知識的概念，而是大量使用「**體驗教育**」（PA, Project Adventure）、「**專案導向學習**」（PBL, Project-based Learning）等概念進行設計。除了內容創新之外，我們也透過「設計思考」作為設計課程的思考邏輯。

怎麼說呢？設計思考有五個部分，包含了同理使用者、定義問題、想像、原型、測試；例如，我們即可以很輕易地運用這五個步驟來思考該設計出什麼樣的課程給學生：

1. **同理使用者：**在設計課程之前，必然需要先了解學生的狀態、人數、學習動機、思考慣性、先備知識……等，才有辦法設計出適合他們的教學活動。

2. **定義問題：**訂出這一堂課需要讓學生了解的知識或是概念，也就是常說的教學目標，訂定目標之後才開始進行課程的編排。

3. **想像：**根據已知的教學資源、教學時間，想像不同的教學活動可能。我們在想像這個階段時，往往會參照許多營隊的團康活動、工作坊的帶領方式作為教學材料，盡可能地加廣教學方式的可能性。舉例來說，在帶領「垂直思考」的時候，我們便參照了「支援前線」這個團康活動，設計出以點子關連性作為連結的「點子接龍」，在原有團康已經證實暖場效果良好的情況下，讓學生同時操作到垂直思考的訓練。

4. **原型：**如果可以的話，最好教師要有機會先操作過一次，或至少想過各種可能的操作狀況，並且針對各種學生的狀態想好應變措施。

5. **測試：**當課程設計完畢，第一次運用到學生身上時，即為測試。此時仍然可以運用教師本身的教學經驗，根據學生的反應即時調整規則、進行方式、內容或是時間安排等等，好讓課程的進行能夠最佳化。

以上所說的，是教育者可以如何運用設計思考作為課程設計的「思考邏輯」來使用，讓課程能夠達到最佳的效果。另一方面，當設計思考作為「教學內容」時，則會有完全不同的效果。在此需要與大家分享一個在台灣推廣設計思考教育的組織：「DFC 臺灣童心創意行動協會」。

DFC 是 Design For Change（設計來改變問題）的縮寫，也是一個源起於印度的國際性組織，宗旨在於推廣創意行動教育。什麼是創意行動？其實就是簡化版、並且以教育為目的的設計思考流程，共分成四個步驟：感受、想像、實踐、分享。他們在全世界的國中小推廣這樣的課程，邀請老師帶領小朋友一起透過這四個步驟，來解決身邊感受到的問題，事實上也就是在推廣設計思考的概念。

這樣把「設計思考」作為內容的教育，DFC 稱之為「創意行動」。不僅能

DFC 團隊致力於推廣中小學的創意行動教育，「我做得到」不僅是他們的核心理念，
也是他們希望能夠讓小朋友從小深植心中的創意自信。

夠增加學生的同理心、創意力、解決問題的態度與能力，這正是目前體制內學科教育中較為缺乏的部份。在認識了DFC之後，創致與DFC就開始有不少合作，也折服於DFC在推廣兒童創意行動的規模和用心。

桌遊融入教育 vs 教育型桌遊

二〇一三年冬日，正值創致工作室的想像階段，有一個點子的碰撞在日後結出了美麗的果實，那個點子就是「教育型桌遊」。近年來桌上遊戲在台灣開始大為流行，不僅在各地都開了許多的桌遊店，許多教育者也開始發現桌遊在教育上運用的潛力。那時正被獲利模式困擾的我們，也在思考把創意態度做成桌遊的可能性。

曾經有一場由交點舉辦的「創業沙發」活動當中，創致工作室受邀成為其中一個創業單位，跟大家分享自己在做的事情以及心路歷程。在那場分享裡面，我們提到了正有桌遊的構想，希望可以找到共同開發的夥伴。沒想到就在活動過後，一個高高的男生來找我們，非常熱情地告訴我們他也正打算要開發桌遊，而且是具有教育意義的桌遊，但是苦於不知道教育意義該怎麼跟桌遊結合。這個男生叫做煜庭，我們一拍即合，隨即展開了密切的合作開發計畫。

與一般的桌遊不同，我們在桌遊設計之初就設定，**遊戲本身必須要傳達我們想要玩家體驗到的學習目標**。因此，在開發的時候，每一個規則、圖卡、獲勝條件、甚至是移動的方式，都有其背後的教育意涵。在這樣的前提下，還得大幅地提高遊戲性，才有辦法成為我們心目中的「教育型桌遊」。

我們從「創業家精神」發想，把創業家「不怕失敗」、「善用手邊有限的資源」、「解決眼前的問題」、「幫助別人就是幫助自己」等概念融入在這款遊戲當中，希望創造出一個能夠模擬夢想實踐的情境，讓玩家在玩的時候就算沒有創過業，也沒有真正做過什麼行動，還是能夠從遊戲當中體會到完成夢想的感覺，以及要完成一個夢想可能要付出的努力。

這一款能夠讓玩家體驗「創業家精神」的桌遊就叫做《夢想之道》。從二〇一三年底開始開發，經過了不斷的修改、測試，上募資平台募集開發費用（那個時候還叫做「加嘻得樂」），終於在二〇一四年的八月上市。共同合作開發的煜庭，也決定要趁這次機會以開發教育型桌遊為職業，在文化部的圓夢計畫補助之下，在二〇一四年六月正式成立了「他群有限公司」。

當桌遊生產出來，我們到了許多學校進行桌遊工作坊，帶領許多學生透過遊戲來思考自己的生涯規劃。在玩完桌遊之後，我們會帶領學生思考，自己想要完成的夢想是什麼？可能會遇見什麼樣的困難？又會有什麼資源可以運用。

每次學生的結果都讓我們感受到這種用遊戲帶領學習的威力。有人寫說希望可

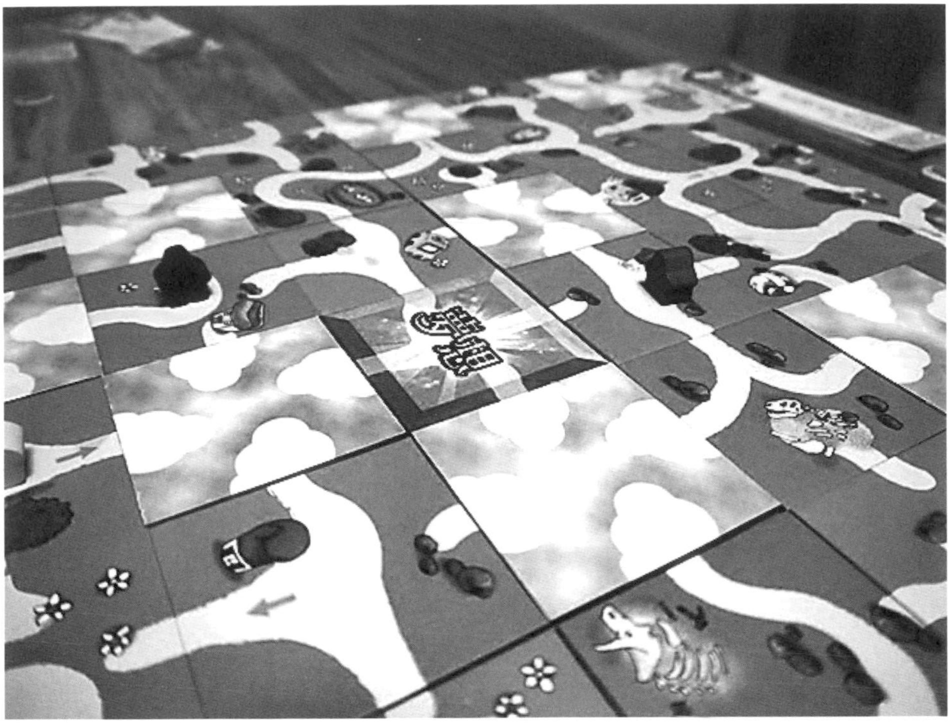

與「他群有限公司」合作開發的教育型桌遊《夢想之道》，歷經了一年的開發，現在已經在網路上販售，受到許多中學的輔導老師喜愛。

以成為電競選手，但卻擔心家人不同意也怕被人笑，希望能夠拿到的資源是**「生命的轉折點」**。也有人寫說自己的夢想是**「賺很多錢給爸媽做想做的事」**，卻擔心考不到理想的科系，沒辦法賺到很多錢。這些答案都是在一般生涯規劃當中很難出現的答案，卻在這樣的遊戲帶領下，成功地軟化了學生的心房，引出一些不一樣的思考出來。

那麼，究竟「教育型桌遊」和「桌遊融入教育」有什麼不一樣呢？一般的桌遊融入教育，所採用的都是已經發行的桌遊，這些桌上遊戲在開發時都是以

「好玩」為唯一目標，注重遊戲本身的遊戲性。雖然部分的情境、規則能夠拿來作為上課的素材使用，但是也常常會面臨到被認為是在強加解釋的狀況。

教育型桌遊則不一樣，由於開發時即構思好教學時想要模擬的情境進行開發，並且仍然重視玩起來的遊戲性，玩家在玩的時候只會隱隱約約感受到背後要傳達的概念，並不會有「教具」的感受。然而在經過講師的帶領之後，又能夠重新理解每個規則和遊戲元素的意義，進而達到體會模擬情境的效果。

當初會想要開發桌遊，其實也是從「教育設計」的概念出發來的。在我們想要傳達的「創意的態度」這件事情當中，有許多概念在缺乏體驗和經驗的情況下，其實很難透過講述的方法傳達。而桌遊是一種需要讓玩家無條件接受一些特定規則才可以開始進行的遊戲，很適合許多需要情境模擬的概念教育，這是教育型桌遊的優勢所在。

創造適合「設計自己」的環境

一個人一生之中總會有那麼幾件事情，會讓一個人用盡任何可能去達成。也許並非愛情，也不是創業，許多時候可能只是為了得到一份工作，或甚至只是讓自己活下去，這都無妨。只是我們能不能找到一件事情，是能夠讓我們用盡任何可能，只為了挑戰自己是不是能夠去達成這樣一件事情？也許那件事情，就是「一個自己理想的樣子」。

「設計自己」並不是什麼了不起的事情，就如「設計思考」也不過就是一個思考的脈絡而已，每一個人都可以用這樣的思考邏輯來思考自己想要成為的樣子。「設計自己」真正困難的是，**不是每個人都有相應的環境，讓自己有機會成為自己想成為的樣子**。

在經過了這樣一趟冒險之後，我發現讓人們有機會在其中探索自我的環境，關鍵其實都在於「人」。人是一個群居的動物，換句話說，要改變一個人，最快的方式就是把他丟到相應的環境裡頭去，而組成環境最重要的因素，就是裡頭的人。當一個環境中的人們是友善的，是會互相聊聊彼此的志向、夢想，並且鼓勵對方，甚至提供相關的經驗和資源，那麼對方也會感受到相應的支持，進而慢慢地往自己想要走的方向靠近。

也因此，除了每個人本來就可以自行展開「設計自己」的旅程以外，若是你正好就是教育工作者，或者是家長，那麼我很希望能夠邀請你一同打造能夠讓「設計自己」發生的環境。這並非如字面上聽起來一般，是個龐大或是複雜的任務什麼的，反之，這其實只是一個很簡單的事情，**只要讓自己成為一個創意友善的人就行了**。什麼是創意友善的人？很簡單，秉持著三個原則就行：開放想法交流、價值觀代替批評、鼓勵擁抱失敗。

開放想法交流，就像字面上所說的，讓想法可以自由地被闡述、表達和溝通。當一個環境有一個絕對的權威存在，許多害怕權威者的想法便無法自由地被交流出來，想要有創意也就不是件容易的事情。反之，當每個人知道這個環境會尊重所有的聲音，不會有「你怎麼會有這種想法出現？」或是「天啊，我真不敢相信你會這樣想！」「你太天真了！」這一類的話語存在，想法的交流就會是自然而然的事情。

以**價值觀代替批評**，則是一個原則問題。我還記得在開始創業的時候，創致曾經立過一個「四不一沒有」的原則，我至今都還是一直貫徹著：不盲目跟從、不畏懼改變、不欺騙自己、不放棄夢想，沒有永遠不變的真理。其中，因為沒有永遠不變的真理，所以所有的觀點都只是觀點，看法都只是看法。

當人們可以這樣子思考時，就不會常常覺得對方為什麼會有這麼奇怪的作為，而能夠以「**那是他的價值觀**」來理解跟同理，批評也就相對來說少了。

最後則是鼓勵**擁抱失敗**。這點其實並不容易，因為「失敗」在我們的文化裡，是被唾棄、不齒的，然而失敗與創意幾乎是近義詞。想要有很棒的創新和創意，那就代表這件事情可能是前所未有的，或是用現有的邏輯無法理解的事情，在這樣的情況下，失敗的比例自然相當高，但若是成功了，那可能就會獲得很棒的成果。設計自己也存在同樣的道理，許多時候，我們理想的樣子或生活模式可能不存在於現存的體制之內，也因此很難判斷是否真的能夠達成那樣的生活，然而若因害怕失敗，而從來沒有去嘗試努力過的話，那一輩子也無法證明這樣的生活是不存在的。那豈不是很可惜嗎？

§ § §

除了這三個原則以外，教育工作者或是家長其實也有一些立即可行的行動可以做。

若你是一個教育工作者，試著在課餘時間問問自己的學生，他們有沒有想過自己想要成為什麼樣的人？試著順著他們的思路，把他們想要成為的樣子勾勒出來，並且鼓勵他們採取行動、主動嘗試。不知道在哪裡看過這樣一句話，「**教育是為了幫助人們成為他自己。**」身為一個教育工作者，我們給予的知識、技能，都是為了讓每個人能夠成為自己想要成為的樣子，並且能夠順利地在社會上生存下來。因此，讓每個學生能夠清楚自己想要去的方向，也是教育者的責任。

許多老師在教學上最常碰到的問題都是，學生會問：「學這個到底要幹嘛？」當學生只是盲目地為學而學時，不僅學習起來沒有動力，學習效果也會扣分。「設計自己」的過程能讓學生開始思考自己想要往哪裡去，當方向清楚了，也自然而然地會找到學習的理由。

若你已經身為人父或身為人母，那麼對於孩子的影響比起老師來說更大，因為許多學生感到生涯迷惘的原因並非是自己不知道自己想要什麼，而是自己想要的與父母的期待有所衝突。這裡我想就一個教育工作者和為人子的角度來分享我的想法。

就我所知，許多父母之所以期待自己的孩子做什麼樣的工作，其實都出自對於孩子的愛，而人們總是會根據自己的生命經驗來面對生活。但只要這樣試想就好，三十年前，我們能夠想得到什麼叫做「電腦工程師」嗎？三十年前一個人跟父母說他想要做電腦工程師，可能會被笑個半死，但他卻是十年前搶手到不行的行業。同樣的，我們現在覺得聽起來荒謬不可行的工作或職業，也許過了幾年會成為搶手職業也不一定。

更重要的是，透過「設計自己」的過程，孩子可以更理性地透過有邏輯的方式去篩選、評斷自己想要成為的樣子，而非盲目地跟隨著潮流來決定自己想要去的方向。當測試的結果真的遇到了不如意的狀況，孩子也會因為是自己做出的設計、自己做出的選擇，而不會怪罪父母。當這樣的態度養成之後，我們也可以期待未來不論他成為什麼模樣，都是他真心喜歡、並且願意自己承擔的。

過得快樂不正是每個父母期待的嗎？當家長們汲汲營營地想要給孩子一個物質優渥的生活，或是幫他找一條順遂或舒服的路，最終的目的不也是希望孩子快樂嗎？既然如此，當他自己已經找到快樂的方法，何不就放手讓他試試呢？

展開屬於你的「設計自己」旅程

我的部份結束了，接下來換你了！現在就開始展開屬於你的設計自己旅程吧！在啟動你的旅程之前，還是有幾個忠告想要分享給你。

首先，為什麼要設計自己？設計自己的前提是，成為理想的自己是快樂的。若是你已經很滿意現在的生活，也不覺得自己還有什麼好追求的，那麼也許你並不需要這本書，但很謝謝你花了時間聽我說了這麼長的一段故事。

再來，「自己」的形成本來就會與社會息息相關，設計自己的旅程中，是無法排除其他人的因素的。人畢竟不是產品，而是與其他人共同生活的有機體。因此，許多時候雖然自己清楚了自己想要成為的樣子，但往往會遇到很多來自於外界的阻力，甚至是社會異樣的眼光，這些都是正常的現象。該如何解決這些阻力、困難，是每個想要設計自己的人不能不面對的課題。

我也曾因為自己想要成為的樣子，剛好與一位敬重前輩的期待有所衝突，而感到非常的困擾，不知道到底該怎麼繼續下去。雖然到了事情的最後，我還是選擇了自己想要成為的模樣，但是那段掙扎仍然讓我痛苦了許久。

在著名心理學人阿德勒（Alfred Adler）的主張中，有一個概念稱為「**課題**

分離」，就是在解決這樣的困擾。

所謂的課題分離，就是**自己擁有行動的主權，他人的評論是他人的事情**。不需要為了他人的評論或是他人的期待而改變自己的行動。聽起來似乎是很自私的事情，但無止盡的在乎他人的評論只會造成自己的困擾，對於雙方一點幫助也沒有。過度在乎他人的評論，無異於所有的行動只是在滿足他人的期待，而非自己的期待。

最後，**設計自己並不是做一次就結束的事情**。人隨著心智的成熟會越來越了解自己，對於自己想要成為的樣子也會越來越清晰。有時候，當遇到不同的事件時，價值觀會產生改變，自然而然想要成為的樣子也會產生改變。

我在國中所期待成為的自己，還有大學期待成為的自己，跟出社會之後期待成為的自己，都是不同的樣貌。難道每一次想要成為的樣子不一樣了，就會重新設計一次嗎？不是的。「設計自己」是一個意識，而不是一個待完成的任務。當我們把這件事情視為是一個任務的時候，反而會執著在其中，因為想要設計自己而感到痛苦，那就失去了設計自己的本意了。

所以，請不要把設計自己這件事情當做是一個「工作」，而應該在放鬆開心的情況下，把思考這件事情當做是一件「享受」，如此一來思考出來的結果也才會是愉悅和自己願意接受的。

因為說穿了，這是一個沒有任何的標準答案，自己就是球員兼裁判的設計活動，有什麼好擔心的呢？

寫在最後

看到這裡，你的感覺是什麼呢？曾經有些人跟我說，你的方法太理性了，不適合我。雖然這本書從頭到尾都在用「設計思考」的邏輯來思考生涯規劃這件事情，但別被「設計」這個詞給唬住，就覺得這是一個太過理性的方法，不適合自己。

設計思考的價值，有很大一部分在於他同時兼顧了感性（以使用者為中心、重視使用者的情感）和理性（透過一定的程序定義問題、驗證）。而這是我們在規劃自己的生涯時本來就該兼顧的部份。

也有人會說，與其做這個白日夢，**為什麼不好好地把手邊的事情做好呢？**我想說，我絕對支持每個人把手邊的事情做好，但那與是不是對自己的未來有所規劃、有所思考，是兩件不同的事情。行動與探索，沒有誰先誰後的問題。在思考式的探索當中，人們會慢慢的理出頭緒跟方向，但是唯有行動才有辦法驗證出找到的頭緒和方向是否是自己要的。反之亦然，行動和做事情能夠增加我們的經驗，然而若沒有一個核心的目標，那麼可能就算累積了很多年的經驗，卻無法聚焦，也無法從經驗中找到自己真正想要的東西。

我並不是什麼了不起的人，我也沒做什麼了不起的事情，其實這一路上有太多貴人的幫助，才有辦法走到現在。我總覺得虧欠著他們太多，但卻又不知道該怎麼回報，只好希望真的做出點對社會有貢獻的事情，讓他們的熱血和愛能夠傳到更多人的身上。寫出這本書只是想把自己這一路走來的創業故事、透過自己想要傳達的理念同時傳達出來。就像書本一開頭所說的，我沒有辦法保證這樣的思考邏輯在每個人的身上都行得通。

事實上，在做生涯探索和生涯規劃的組織滿街都是，派別更是多到不計其數，每個人都有屬於自己獨特的方法和經驗。而身為一個設計師，自然而然會想要用設計的觀點來看這件事情，尤其這樣的觀點也是我在台灣的社會比較少見的說法，才會有這本書的誕生。

在本書完稿的時候，我們的新公司「致樂創意股份有限公司」和全新的品牌「聚樂邦」正要成立，希望能夠用全新的獲利模式來測試真正的市場，透過得以自給自足的方式，繼續地把創意的態度傳達給正在迷惘和徬徨的青年們。

這個冒險故事還沒結束，甚至可以說才正要開始最精采的一章，正如人生一樣，就算已經滿足於每天的生活，也還是可以期待明天的精采。

誌謝

這本書所談的，除了是設計思考如何設計自己，也是「創誌／創致」這個品牌一路走來所歷經的故事。在此要特別感謝當初在我們迷惘時推了我們一大把的「海龜大哥」莊盛博先生，以及在創致工作室成立時給予大力協助的邱于芸老師。這兩位前輩都在我們迷失方向時給我們一面鏡子，讓我們能好好地看看自己是什麼樣子。

當然，創致經歷過的每段時期，都有不同的貴人相助，才讓我們跌跌撞撞地抱著微弱的信念一路走到現在。首先要感謝雜誌時期擔任副社長的皓翔，還有擔任正副部長的的聯純、怡蓉、莉凌、于寧、偉婷、鐘林、舶倫、慧敏、宜彣、于薇、詩青、智鈞，感謝你們曾經陪著創致經歷過最浪漫也最瘋狂的一段時期。雖然最終雜誌社沒辦法像當初畫給大家的藍圖那樣激動人心，但那個改變世界的心念卻始終伴著創誌這個名字一路走來。

再來就是拍攝電影時期無償力挺，陪我們在烈日底下跑跳演出的辛苦演員們：耀慶、宇萱、士益、馨瑩、書懷、彩蓉、承佑、暐傑、義利、凡碩、承訓、忠泰，和幕後默默做好每份工作的劇組人員們：志翔、詩青、孟宏、意婷、彥伶。感謝有你們大力的相助，我們才能共同拍出了成大獨立製片的第一支《鑰匙》，也算是創造了點有意思的歷史。

最後，要感謝 CAC 創意行動影響力聯盟的瑋呈、彥涵、陳年、雅文、逸帆、介亭兄、Ryan、Brenda、Liberty 還有好多好多優秀的青年，是你們給了我創業的勇氣和動力，讓我踏上創業這條不歸路。當然，創業一路上有始終相挺的芯瑋、上官、夏、育昇、明岳、致崴、Sunny 姊、逸君姊，一起做桌遊的好夥伴煜庭、建志。這本書出版的時候，剛好是創致工作室的三歲生日，謝謝你們扶持著創致走過這一段艱難的創業之路，滿心感激。

當然不會忘記感謝，每天在宿舍爭辯論到半夜、為了一堂課程好壞爭的面紅耳赤，卻在學生面前總是泰然自若，和藹可親的創業夥伴瑄明。算一算我們一起搞這件事情也弄了快十年，謝謝你願意跟我這個瘋子一起搞這些有的沒的，雖然有時候不知道到底搞出了什麼名堂，但至少這段旅程讓彼此的生命都挺精采的。

感謝大寫出版給了我這個出版書的機會，也算是圓了我從小的一個夢想。想感謝的人還有很多，但就讓我繼續在這條路上努力，把對你們的感謝化為行動，回饋給這個世界吧！

附錄：「設計自己」，因為誰都不完美——

隨書遊戲《人生設計局》背後的故事

設計自己到底會是什麼樣的感覺？尚未踏上設計自己之路的讀者，可能很難想像。《人生設計局》桌遊便是透過遊戲的方式，試圖比擬當人們想要實現的自己與主流價值所衝突時，會面臨的情境。但是單純想要享受遊戲的朋友也不用擔心，這是一款貨真價實的「遊戲」，而不只是一個比擬情境的「教具」。接下來，會針對遊戲的情境與設計進行說明，若是還沒有玩過《人生設計局》桌遊的朋友，建議先玩過幾回合再回來看以下的說明，會更有感覺。

《人生設計局》的故事建構在一個不存在的天庭裡的設計局。設計局為了要方便控管人類所以把人生分成幾套劇本來運作，而人類的目標便是要實現自己，對抗設計局的安排。在這個設計局當中，人類的自我實現目標被粗分成12種，而設計局只能掌握一個特定的範圍去猜測。12種目標卡的概念其實借自榮格的12種原型，每個角色原型當中都會有與角色特質對應的元素，總共有以下五種：「自我實現／自我」、「工作／賺錢」、「歸屬／人群」、「愛情／照顧」、「知識／智慧」。

每一個角色原型皆由相近的元素所組成，舉例來說，擁有「智者」性格的人，渴求知道真理、追求真理，嚮往著理解世界運作的法則，卻有時候也會落入表現出優越感、批判他人的性格陰暗面。因此在「智者」角色的卡牌元素上，就選用了兩個代表「知識／智慧」的圖案，搭配一個代表「自我」的圖案，來詮釋這個人格特質。

當然，這裡必須澄清一下，由於設計遊戲需要考量到遊戲性的部份，因此每個性格真實的樣貌與所選用的元素多少會有所出入，玩家只要輕鬆地把這幾個角色當做是十二種不同的角色即可，就像我們常常用12星座或是12生肖來分類性格，其實是一樣的道理。

從另外一個角度來看，也可以把每個角色卡上的元素，當做是擁有這個角色性格的人，在一生中必須完成的三件關鍵任務。（「房子」就像是結婚成家，「飛機」就像是出外旅行，「十字鎬」是工作立業，「歡呼」是自我實現，「書本」則是獲取知識和真理）。每個人的一生時間都有限，在短短的八九十年之間，我們究竟可以如自己所願地完成哪些生命大事，讓我們覺得讓人生不會白走一遭？若是拋開這些隱喻，屬於你自己的人生三件事，又會是什麼呢？在遊戲之餘，不妨思考一下！

除了角色原型以外，遊戲的重點主要當然放在人類與局長的攻防上了。為了遊戲需要，局長被安排成為一個惱人的角色，總是阻撓人類達成自己想要的目標。但是若換個角度想，當局長並不知道人類真正的意圖，人類是否也可以借勢去完成自己想要的樣子呢？這就和真實人生當中，有些時候我們理想的人生樣貌，與社會的期待並不相符，但是除了力抗到底，在夾縫中求生存之外，我們仍然有機會運用智慧搏倒來自社會的壓力，扭轉成對自己有利的環境。

這就是《人生設計局》桌上遊戲想要傳達給玩家的事：**當你期待成為的樣子與社會大眾對你的期待相衝突時，你是否能莫忘初衷，試著努力活出自己想要的樣子**？畢竟我們都並非天生完美，所以更需要好好設計自己。

最後，遊戲沒有說到的是，在真實的人生當中，是否真的要依循「最初的夢想」這件事情也沒有這麼絕對。因為身為「人類」，在遊戲之初所抽出的「目標卡」，只有自己知道。也就是說，就算中途變卦那又如何呢？

重點是，**最後成為的那個自己，究竟是不是自己想要的樣子**？我想這個問題的答案，只存在於每個人自己的心中。而快不快樂，值不值得，就是每個人需要透過一生的時間，自己去咀嚼和體會的了。

當自己的大設計師

Design Thinking for a Better You!

歡迎報名我的「設計思考課」，
創意解決人生疑難

林志育 著

國家圖書館預行編目(CIP)
當自己的大設計師：
歡迎報名我的「設計思考課」，創意解決人生疑難
／林志育著
初版 臺北市：大寫出版：大雁文化發行，2016.05
196 面；17*23 公分 .be-Brilliant 書系！HB0023
ISBN 978-986-5695-48-4(平裝)
1. 創造性思考 2. 成功法 3. 自我實現
176.4 105006897

大寫出版 Briefing Press

書　　系 ■ be Brilliant! 幸福感閱讀　書號 ■ HB0023
著　者 © 林志育
行銷企畫 ◎ 郭其彬、夏瑩芳、陳雅雯、王綬晨、邱紹溢、張瓊瑜、李明瑾、蔡瑋玲
大寫出版 ◎ 鄭俊平、沈依靜
發行人 ◎ 蘇拾平
大寫出版
地址：台北市復興北路 333 號 11 樓之 4
電話：（02）27182001　傳真：（02）27181258
發行 大雁文化事業股份有限公司
地址：台北市復興北路 333 號 11 樓之 4
電話：24 小時傳真服務（02）27181258
讀者服務信箱 E-mail: andbooks@andbooks.com.tw
劃撥帳號：19983379（戶名：大雁文化事業股份有限公司）
初版一刷 ◎ 2016 年 5 月
書籍 + 遊戲套組定價 ◎ 499 元
ISBN ◎ 978-986-5695-48-4

幸福感閱讀

Be-Brilliant